Joseph Roth

April, Die Geschichte einer Liebe

4월, 어느 사랑 이야기

1판 1쇄 발행 2021년 9월 15일

지은이 | 요제프 로트
옮긴이 | 박광자
발행인 | 신현부

발행처 | 부북스
주소 | 04613 서울시 중구 다산로29길 52—15[신당동], 301호
전화 | 02—2235—6041
팩스 | 02—2253—6042
이메일 | boobooks@naver.com

ISBN 979-11-91758-04-7
ISBN 978-89-93785-07-4 [세트]

부클래식

088

4월, 어느 사랑 이야기

요제프 로트

박광자 옮김

부북스

차례

4월,
어느 사랑 이야기

내가 그곳에 도착했을 때는 4월의 어느 날 밤이었는데, 구름이 잔뜩 끼고 비를 머금은 날씨였다. 흐릿한 안개 속에 도시의 은빛 실루엣이 부드럽고 대담하게 거의 노래 부르듯 하늘을 향하고 있었다. 작은 고딕 탑 하나가 가늘고 흐리게 안개 속에 솟아있었다. 불이 켜진 시청 시계의 진노란색 유리는 보이지 않는 밧줄에 매달린 듯 허공에 떠 있었다. 역 주변에는 석탄과 재스민, 숨 쉬는 들판의 냄새가 달콤하고 탁하게 뒤엉켜 있었다.

한 대뿐인 도시의 합승 마차가 먼지를 뒤집어쓴 채 역 앞에서 한가로이 기다리고 있었다. 도시는 작아 보였다. 틀림없이 교회, 시청, 분수, 시장(市長), 그리고 합승 마차 한 대뿐 일 것이다. 말은 갈색으로, 발굽은 넓고 발목 관절에 불그스름한 보호대를 둘렀는데 눈가리개는 하지 않았다. 착한 큰 눈은 광장을 바라보고 있었다. 울부짖을 때 고개를 옆으로 돌리는 모습은 마치 재채기하는 사람 같았다.

사람들이 모자 상자와 트렁크를 들고 국도를 따라 가고 있는데, 나는 마차를 탄 채 이리저리 흔들리는 그들의 모자 상자와 트렁크 사이를 지나쳐갔다. 사람들의 이야기 소리를 들어보니 그들의 초라한 운명, 보잘것없는 경험, 사소하고 대수롭지 않은 그들의 고통이 느껴졌다. 길가 양옆의 들판에는 안개가 납을 녹여 부은 것처럼 덮여서 마치 바다가 끝없이 펼쳐진 것처럼 보였다. 그래서 모자 상자, 사람들, 대화, 합승 마차가 무척 초라하고 우습게 보였다. 나는 양옆에 정말로 바다가 있다고 믿었고, 그 고요함에 매료되었다. 죽은 바다일지 모른다고 나는 생각했다. 하얀 집 모퉁이에 공장 굴뚝 하나가 우뚝 솟아있는데, 가냘픈 그 굴뚝은 맥없이, 마치 불 꺼진 대낮의 등대처럼 보였다.

길가에는 미지의 사람들이 도시의 선봉장으로 자리 잡고 있었다. 사람들은 다정하고 정직해 보였고, 그들에게 무슨 일이 있는지 볼 수 있었다. 한 어머니가 번쩍이고 흉한 함석 띠를 두른 물통에서 아이를 씻기고 있는데, 아이는 울고 있었다. 웬 남자가 침대에 앉아 소년에게 장화를 벗기게 하고 있었다. 아이는 긴장해서 얼굴이 발갛게 부어올랐고, 장화는 더러웠다. 늙은 여자가 빗자루를 들고 방바닥을 쓸고 있는데, 나는 다음번 행동이 짐작이 갔다. 곧 파랗고 빨간 무늬의 식탁보를 걷어서 유리창이나 문으로 들고 가서 음식 부스러기를 작은 마당에다 털어버릴 것이다. 나는 목욕통 속에 들어있는 아이와 장화를 벗기고 있는 아이와 음식 부스러기가 안됐다는 생각이 들었다. 밤에 청소하는 늙은 여자들은 영락없이 나쁘다. 개하고 생김새가 비슷한 우리 할머니도 밤이면 늘 빗자루를 들고 마루를 쓸었다. 아주 어렸을 때 나는 할머니와 빗자루를 증오했고, 종이 부스러기와 담배꽁초와 여러 가지 쓰레기를 좋아했다. 나는 땅바닥에 떨어진 온갖 것을 할머니의 빗자루에서 구해내서 내 주머니에 넣었다. 나는 유독 지푸라기를 좋아했다. 그런 것이 다른 것보다 생기가 넘쳤다. 비가 올 때면 나는 자주 창밖을 내다보았다. 지푸라기 하나가 애교있고 천진스럽게 수많은 빗물 웅덩이의 물결을 타고 춤추듯 헤엄치고 흘러가면서 하수도 구멍으로 사라져버릴 자신의 운명을 전혀 모르고 있었다. 나는 비가 세차게 때리는데도 거리로 뛰어나가 지푸라기를 구하려고 달려가 하수구 철망 바로 앞에서 간신히 지푸라기를 잡을 수 있었다.

많은 사람을 나는 밤에 보았다. 이 도시에서 사람들은 늦게 잠자리에 드는 것 같았다. 아니면 4월이고, 대기 속에 떠도는 기대감이 모든 생명체를 깨어있도록 만드는 것일까? 내가 마주한 사람들은 모두 나름대로 의미가 있었다. 그들은 운명을 지니고 있었고, 그들 자체가 운명이었다. 행복하기도 불행하기도 하지만 그들은 결코 무의미하거나 우연한 존재가 아니었고, 적어도 어딘가에 취해있었다. 소도시의 밤거리에는 결코 우연한 사람은 없다. 연인들, 밤거리의 여자들, 야경꾼, 아니면 정신 이상자들이거나 시인들뿐이다. 우연한 사람이나 중요하지 않은 사람들은 틀림없이 집에 있다.

광장의 한가운데에는 도시의 건립자인 주교(主敎)의 석상이 감시하듯 서 있었다. 바로 한가운데에, 아주 중요하게 서 있었다. 하지만 사람들은 그가 죽었다고, 끝났다고 생각하는 것 같았다. 그 옆을 지나면서 인사도 안 하고, 그 옆에서 서슴지 않고 비밀을 이야기하고, 범죄를 저지르는 것도 꺼리지 않았다.

이 도시를 세울 때 틀림없이 고생했을 주교가 불쌍했다. 그는 입가를 찌푸린 채로 세상의 배은망덕을 아는 사람처럼 서 있었다. 나는 그날 밤에 그에 관한 이야기를 열심히 읽을 것을 그에게 약속했다. 하지만 그렇게 하지 못했다. 왜냐하면 이 소도시에는 나하고 마주치며 나를 둘러싸고 나와 얽히게 될 살아있는 사람들의 이야기가 많았기 때문이다. 게다가 봄이고, 그런 계절에 나는 주교나 도시 창건자에는 관심이 없었다.

다음 날 아침 나는 벌써 몇 가지 이야기를 알게 되었다.

나는 우편집배원이 다리를 절게 된 것이 바로 며칠 전부터이며, 그가 불구로 태어난 것이 아니라는 것을 알게 되었다. 집배원은 거의 술을 안 마셔서 일 년에 두 번, 4월 15일 그의 생일하고 대도시에서 자살로 삶을 마친 아들의 사망일에만 마셨다. 취기가 오래 계속되기 때문에 집배원은 사흘을 도시의 담 사이를 비틀거리고 다닌 뒤에야 술에서 깨어났다. 그 사흘 동안 도시의 사람들은 편지를 배달받지 못했다. 그들은 외부 세계와의 소통이 단절되었다.

일주일 전인 4월 15일에 집배원은 취해서 넘어져 발을 삐었다. 그때부터 그는 절뚝거리게 된 것이었다. 이야기는 이것 하나뿐이 아니었다.

내가 숙박하고 있는 작은 호텔은 나프탈렌과 술 냄새, 그리고 시든 화환 냄새가 났다. 주류 판매점 바로 뒤에 있는 큰 식당은 지붕이 나지막했다. 천장은 원형이었는데, 벽에는 격언이 적힌 네모난 갈색 목재판이 붙어 있었다. 종업원인 아나는 오른팔을 창가에 얹고 서서 손님들의 술잔이 비는 일이 없도록 신경을 썼다. 여기서는 포도주를 많이 안 마시기 때문에, 아나가 조금이라도 한눈을 팔면 손님들이 뚜껑 달린 맥주잔을 요란스럽게 두들겨댔기 때문이다.

당시 27살인 아나는 금발을 깔끔하게 빗어 넘겼다. 그래서 항상 물에서 금방 나온 것처럼 보였다. 얼굴은 팽팽하고 반짝거렸다. 상쾌하고 빈틈없이 깔끔한 머릿결은 물에 젖은 듯한 금발이 반짝거릴 정도로 이마에서 뒤로 깔끔하게 빗어 넘겼다.

그녀의 손은 가늘고 강하지만, 부끄러워하는 손이었다. 항상 나는 그녀의 손이 부끄러워한다고 생각했다.

아나는 뵈멘 출신인 엔지니어를 사랑했다. 그는 아나의 아버지가 다니는 공장의 지배인이었다. 아나는 엔지니어한테서 얻은 아이가 하나 있었다.

엔지니어는 유부남이었고, 아나에게 양육비와 여행비를 주었다. 그래서 아나는 이 소도시로 와서 여급이 되었다. 우연히 나는 한번 아나의 방에 들어가서 아이 사진을 본 적이 있었다. 예쁜 아이였는데, 두 주먹을 허공에다 쥐고 커다란 눈으로 세상을 들여마시고 있었다. 아나는 말이 적었고, 자기 이야기를 짤막하게 했다.

나는 그런 엔지니어가 싫었지만, 아나를 사랑했다.

"아직도 그 사람을 사랑해?" 내가 아나에게 물었다. "네." 마치 업무 보고라도 하듯 그녀는 당연하다는 듯 간결하게 대답했다.

도시에는 영화관이 하나 있었다. 주인은 유대인 포목상이었다. 그가 영화관을 세운 것은 부지런하고 활동적이어서 일요일이면 온종일 할 일이 없는 것이 괴로웠기 때문이다. 그래서 평일에는 포목을 팔고, 일요일은 영화관에서 영화를 돌리게 했다.

나는 아나와 같이 영화관에 갔다.

도시에는 도서관도 있었다. 방문객을 돕고 사람들이 없을 때는 먼지를 닦는 젊은이가 있었는데, 얼굴이 창백했다. 낭만적으로 창백해서 마치 부활한 시인처럼 야윈 젊은이였다. 틀어 올린 노르스름한 금발이 천장을 향해 머리 위에서 흔들거렸다. 그는 두 발이 항상 사다리 위에 올라가 있거나, 아니면 접수대 뒤에서 사다리를 들고 왔다 갔다 했는데, 얼마나 능숙하게 일을 하는지 어떤 칠장이보다도 나았다. 그는 사다리에 올라서는 것만 배운 것 같았다. 대출 도서관에는 고서와 양서들이 많았고, 나는 아나와 함께 이 도서관에 갔다.

아나는 이곳을 굉장히 좋아했다.

가끔 나는 아나가 다정해질 수 있다고 느꼈다. 내가 사랑하는 여자들은 마치 숨은 샘물 같은 애정을 가지고 있었다. 그 샘물은 보이지 않고 헛된 것이지만 쉬지 않고 계속 표면으로 솟구쳤고, 출구가 없어 깊게 안으로 파고들어 고갈될 때까지 흘러넘쳤다. 나는 아나를 사랑했다. 그녀가 가진 보물을 버려 둘 수 없었다. 그렇게 뒤로 물러나서 살면서 다른 그리움을 포기하고 과거에 매달려 과거만을 가꾸며 살아간다면 얼마나 많은 것을 잃게 되는 것인지 그녀는 모르고 있었다.

사랑이 피어나는 이 도시의 공원 이야기를 나는 아직 하지 않았다. 황금빛의 비가 가볍고 촉촉하게 보리수와 밤나무의 사이를 적셨다. 벤치는 가로수 길이 아니라 화단 가운데 놓여 있었다. 나는 이 벤치들이 아주 어렸을 때 주교가 땅에다 묻어 해마다 폭이 조금씩 자란 것으로 생각했다. 벤치는 아직도 발을 부드러운 땅속에다 분명히 뿌리를 박고 있을 것이다.

일요일에 영화가 끝난 후 나는 아나와 함께 공원에 갔다.

한번은 키스를 하는 한 쌍을 보았는데, 아나가 웃었다.

“그건 안 좋아. 아나” 내가 말했다. “사랑에 대해 웃는 것 말이야. 그렇게 거짓말할 수 있는 사람을 나는 안 좋아해.”

그러자 아나가 웃음을 그쳤다.

우리가 호텔로 돌아와 보니 주인이 아나를 찾고 있었다. 손님 한 사람이 들어왔기 때문이었다. 그는 녹색과 빨간 딱지가 붙은 요란한 새 가죽 가방을 들고 있었다. 까만 곱슬머리에 불타는 듯한 눈을 했는데, 분명히 만돌린을 연주할 줄 알고 여자도 유혹할 수 있을 사람으로 보였다. 잠깐 가방 속을 들여다보아도 오색 리본과 금발 머리카락과 분홍빛 연애편지가 가득할 것이었다. 열어볼 수는 없지만 그럴 것이 틀림없었다.

그는 홀에서 맥주를 마셨다. 그의 얼굴에는 맥주가 어울리지 않았다. 그는 포도주를 마셔야 할 것 같았다. 아나가 심부름을 했는데, 그는 굉장히 예의를 차렸다. 온통 허세였다. 그의 대화는 그의 서명과 비슷할 것이라고 나는 생각했다.

그날 밤 내 방에 전기가 안 들어왔다. 나는 문을 열고 아나의 방으로 갔다. 아나는 속옷 바람으로 울고 있었다. 그녀는 침대에 앉아 있었는데 내가 들어가도 놀라지 않고, 계속 조용히 흐느끼고 있었다.

그러더니 이렇게 말했다. "그 사람하고 똑같이 생겼어요."

새로 온 손님이 아나의 엔지니어와 똑같이 생겼다는 것이었다.

"두려워요." 아나가 말했다.

그 후로 우리는 서로 사랑하게 되었고, 그것을 서로 감추려 하지 않았다. 아나는 아주 다정할 때도 있지만 질투도 했다. 하지만 나는 다른 여자들에게 관심을 두지 않았다. 이 도시의 여자들은 전혀 내 마음에 들지 않았다.

단지 황금빛으로 물든 봄날 저녁에 그들이 쌍쌍으로 짝을 지어 들로 걷는 것을 보면 나는 마음이 흔들렸다. 그들이 존재하는 것은 세계를 새롭게 하기 위함이었다. 그들은 성장해서 사랑하고 자식을 낳는다. 봄이면 모성의 작업을 시작해서

해(年)가 끝날 무렵 그것을 완성한다. 나는 그들이 들떠서 황홀경에 대한 열망으로 마치 딱정벌레들이 숲속으로 떼를 지어 날듯이 신의 이 계시를 천진하게 열심히 완성하고 있는 것을 보았다.

저녁 늦도록 그들은 어두운 현관 입구에 서서 남자들의 입술과 수염에 매달려 킥킥댔고, 남자들의 친절한 말 한마디 한마디에 남자들의 품 안에서 비굴할 정도로 고마워했다. 귀뚜라미와 처녀들이 쉴 새 없이 재잘대는 밤은 진정 아름다웠다.

그리고 비 오는 날도 그랬다.

처녀들은 창가에 서서 도서관에서 빌려온 책을 읽거나 버터 빵을 먹었다. 우산 하나가 골목길을 흔들거리며 지나면서 약하고 마른 공증사무소 서기를 덮고 있었다. 그는 마치 곧추서서 걸어가는 메뚜기 같았다.

지푸라기들이 춤추며 맴돌아 애교 있게 돌더니 망하는 것도 모르고 하수도 철망 쪽으로 다가갔다. 나는 그걸 잡으려고 달려가지 않았지만, 항상 그래야 할 것 같은 생각은 어쩔 수가 없었다. 비, 아무것도 모르는 지푸라기, 하수 철망과 나는 함께였다. 아마 공증사무소 서기도 여기에 낄 수 있을지 모르겠다. 비 오는 날이면 회색 선을 그리면서 지푸라기는 물에 빠지고 하수구는 그것을 삼켜버리고, 서기는 우산을 쓰고 골목길을 지나갔다. 사실 나는 뛰어가서 그 지푸라기를 구해야 했다. 이 세상 모두는 각자 임무가 있다.

아침에 나는 일찍 일어났다. 아나는 자고 있었고, 술집 주인과 두 번째 손님 역시 마찬가지였다. 이 집 사람들의 장화는 아직도 지저분한 모습으로 어제의 일부로, 문 앞에 놓여 있었다. 마당에는 삽살개가 이리저리 돌아다니며 하품했고, 마차 밑에서 내버린 뼈다귀를 찾고 있었다. 매어 놓지 않은 마차는 목적지 없는 끌채를 매단 채로 잊힌 반려자처럼 헛간 앞에서 기다리고 있었다. 마부인 야콥은 요란한 소리를 내면서 헛간에서 코를 골고 있었다. 요란하고 힘차게 골았다. 마치 자연과 건강의 찬미가처럼 들렸다. 결코 하찮은 소리가 아니라, 요란한 소리였다. 그 소리는 자연스럽고 힘찼다. 자연의 소리, 보이지 않는 천둥소리였고 사슴의 울음소리였다. 5시가 되자 저 멀리 초감각의 세계에서 다가오듯 증기 제분소의 탄식하는 듯한 뚜 소리가 들려와 마부 야콥을 깨웠다. 옷을 입고 잠을 잔 것이 확실했는데, 제분소의 떨리는 듯한 고음의 사이렌 소리가 마지막으로 들리자 그가 큼지막한 체크무늬의 조끼에다 바지를 입은 채 장화를 신고 모자는 벗은 모습으로 구겨진 양피지 얼굴로 깔때기 같은 입에서 오목한 손바닥에다 침을 발라 이마와 눈을 비볐기 때문이었다. 그리고는 마당을 지나 무겁게 힘들여서 집 안으로 들어왔는데, 마치 다리를 땅에서 뿌리 뽑힌 나무처럼 질질 끌며 왔다.

구부러진 첫째 길목에서 케테가 창문을 열고 도시를 내려다보았다. 나는 늘 케테에게 인사를 보냈다. 아직 한 번도 그녀와 말을 나눠 본 적이 없고, 함께 나눌 이야기도 없었다. 그녀에게 인사를 건넨 것은 그녀가 창을 내다보고 있는데 이른 아침의 세상은 아직 일상적인 것이 아니라, 세상이 창조되고 며칠밖에 안 되어 스무 명 정도의 사람들만 살아서 서로 다정하고 친하게 지내던 세상의 어린 시절처럼 소박했기 때문이다. 나중에 내가 집에 돌아올 때는 이미 정오가 되어 세상은 수천 년이나 나이를 먹어서, 나는 한 번도 말을 건네 보지 못한 처녀와 이 발전된 세계에서 인사를 나눈다는 것이 어색하기 때문에 인사를 단념했다.

둥그런 물탱크를 매단 살수 마차가 잔디와 화단에 물을 뿌리며 덜컹거리면서 공원을 지나갔다. 지빠귀 한 마리가 골목대장의 몸짓으로 마차 옆에서 튀어나와 흩날리는 물방울 속에서 왼편 날개를 퍼덕였다. 저 위 어딘가 보이지 않는 종달새 둥지는 방학 맞은 기숙사처럼 온통 시끄러웠다. 화단 한가운데에 있는 벤치 주변의 잔디가 인간들의 밤의 사랑 때문에 피곤해 지쳐 있었다. 그리고 키 큰 역무 보조원이 이쪽을 향해 공원을 가로질러 출근하고 있었다.

그 보조원을 나는 미워했다. 주근깨투성이의 그는 엄청나게 크고 반듯했다. 그를 볼 때마다 나는 철도국장에게 편지를 써야겠다고 생각했다. 보기 싫은 그 역무원을 두 개의 작은 역 사이 아무 데나 전봇대로 사용하도록 제안하고 싶었다. 하지만 철도국장은 그런 일을 허락하지 않을 것이다.

그 직원을 내가 왜 그렇게 미워하는지 나도 모르겠다. 그는 비정상적으로 키가 크지만, 나는 근본적으로 비정상적인 것을 싫어하는 사람은 아니다. 하지만 나는 그 역무 보조원이 고의로 그렇게 높이 뻗어 올라 자란 것처럼 생각되었고, 그것이 나를 화나게 했다. 그가 어렸을 적부터 키 크는 일과 주근깨 모으는 일밖에 모르고 살았을 것이라는 생각이 들었다. 게다가 그의 머리는 붉은빛이었다.

그는 항상 제복에다 빨간 모자를 쓰고 있었다. 기다란 다리로 굉장히 빨리 갈 수도 있지만, 발걸음을 천천히 조금씩밖에 내딛지 않았다. 천천히 걸어가는데 키는 계속해서 자랐다.

나는 그 역무 보조원에 관해 아는 것이 별로 없었다. 하지만 그가 남모르는 비행을 많이 저질렀으리라는 사실을 맹세할 수 있을 것 같았다.

그런 역무 보조원은 예를 들어 자기의 개인적인 적(敵)이 타고 있는 기차를 충돌시키고 그 죄를 교묘하게 기관수에게 돌릴만한 인간이었다. 기차를 타는 것은 원래 위험한 일이다.

그런 역무 보조원은 결코 여자 때문에 빨간 모자를 포기할 사람이 아니라고 나는 생각했다. 사랑을 할 때도 그는 분명 모자를 조심스럽게 거꾸로 의자에 올려놓을 것이고, 바지를 잊지 않고 선반에 얹을 것이다. 그리고 여자에게 고마워할 생각도 못 할 것이다. 또한 계략으로 여자들을 낚아챌 것이다. 그리고 질투가 심할 것이다.

그를 볼 때마다 나는 세상의 모든 여자에게 '여자들이여, 역무 보조원을 조심하시오.'라고 편지를 쓸 생각을 했다.

아나도 역무 보조원을 좋아하지 않았다. 그런 아나가 나한테 물었다. "그를 미워하는 이유가 뭐예요?"

나는 아나에게 어떻게 대답해야 할지 몰랐다. 그래서 내 친구 아벨과 그의 인생 여자에 관한 이야기를 들려주었다.

내 친구 아벨은 뉴욕을 동경했다.

아벨은 화가였는데 캐리커처 화가였다. 아직 연필도 잡지 못하던 어린 나이에 이미 풍자화를 그렸다. 그는 아름다운 것을 대단치 않게 보는 대신에 불구, 일그러진 것을 좋아했다. 그는 직선을 그릴 수가 없었다.

아벨은 여자를 멸시했다. 남자들이란 여자에게 완전성이 있다고 착각하면서 사랑하지만, 아벨은 이 완전성을 부인했다.

그 자신은 추해서 여자들이 그를 좋아할 정도였다. 여자들은 추한 남자들 뒤에는 완전성과 위대함이 숨어 있다고 상상한다.

그런 그가 뉴욕으로 가게 되었다. 배를 타고 가는 동안 그는 처음으로 아름다운 여자를 보았다.

그가 항구에 도착했을 때 그 아름다운 여인은 그의 시야에서 사라져버렸다. 그래서 그는 다음 배로 유럽으로 돌아왔다.

아나는 내 친구 아벨과 꺽다리 역무원보조 간의 연관성을 이해하지 못했다.

"왜 아벨 이야기를 하죠?" 아나가 물었다.

"아나," 내가 말했다. "모든 이야기는 서로 연관이 있어. 왜냐하면 이야기들은 서로 유사하거나 정반대이거나 하기 때문이야. 꺽다리 역무 보조원하고 내 친구 아벨 사이에는 차이가 있어. 극히 평범한 차이인데, 내 친구 아벨은 파멸하지만, 역무 보조원은 계속 살아남아서 간부로 승진하지. 내 친구 아벨은 갈망이 있었지만, 역무원은 역장이 되는 것 외에는 다른 갈망이 없어. 내 친구 아벨은 자기 인생의 여성을 놓쳤기 때문에 뉴욕을 떠났지만, 역무 보조원에겐 여자 때문에 뉴욕을 떠나는 일이 절대 없지."

나는 아나가 연관성을 이해했다고 확신했다. 아나가 나를 포옹하면서 물었다. "당신도 나 때문에 뉴욕을 떠날 수 있나요?"

그날 밤 나는 아나를 열렬히 사랑했는데, 왜냐하면 내가 결코 그녀 때문에 뉴욕을 떠날 사람이 아니란 것을 알았기 때문이다. 그녀에게 그것을 말하는 것이 두려웠지만, 그 대신 나는 그녀를 사랑했다. 나는 비겁했고, 굉장히 남자답게 굴었다. 하지만 아나는 나를 이해했고 울었다. 내가 이제 엔지니어처럼 보인다고 나는 생각했다.

아침에 내가 떠나올 때 아나는 자고 있었다. 그녀는 내가 일어난 것을 알고 잠에 취해 연약한 손으로 허공을 더듬어 찾을 것이다.

비가 왔다. 그래서 나는 커피숍으로 갔다.

웨이터는 구겨진 연미복을 입었고 무거운 소가죽 지갑이 오른쪽 엉덩이에 매달려있었다. 이름은 이그나츠, 모두가 그를 그렇게 불렀다. 다른 이름은 없었다. 나만 그를 "급사장"으로 불렀다.

이그나츠는 밤낮으로 근무했다. 그는 커피숍에 있는 두 개의 의자 위에서 잤다. 그래서 옷이 구겨져 있었다. 그는 돈 지갑을 풀어놓는 법이 없었다. 그는 물고기처럼 앞뒤 양쪽이 판판했다. 양쪽 팔은 옷을 입혀 놓은 등지느러미처럼 헐겁게 늘어져 있었다. 거기에다 그는 커다란 회녹색의 물고기 눈을 하고 있었고, 손은 차고 눅눅했다. 손은 항상 가죽 손가방에 닦았다. 나는 이그나츠를 좋아하지 않았는데, 그가 웨이터답지 않았기 때문이다. 그는 모든 신문을 읽었고 손님들과 정치에 관해 이야기했다. 그는 웨이터보다는 정치가가 되고 싶었다.

하지만 계속 웨이터밖에 안 되었기 때문에 불만스러웠다.

그는 항상 망가진 자신의 삶에 대한 책임을 손님들에게 전가하려는 것으로 보였다.

팁을 받고도 그는 아주 냉랭하게 고마워할 뿐이었다.

언젠간 한번 아나와 함께 커피숍에 갔는데 이그나츠가 "안녕하세요, 아나 씨?"라고 말하면서 마른 손으로 악수하려고 오른손을 가죽 지갑에 닦았다. 아나가 "안녕하세요, 이그나츠"라고 말하면서 손을 내밀었다.

이그나츠가 손을 너무 오래 잡고 있어서 내가 "급사장"하고 불렀다. 그제야 이그나츠가 인사를 하고 사라졌다.

커피숍 벽에 커다란 달력이 걸려 있었다.

매일 아침 8시에 우체국장이 왔는데, 흰 구레나룻의 노인이었다. 우체국장은 곧은 자세로 걸어왔는데, 지나치게 긴 바지에다 장화 굽에다 바짓단을 보호하려고 징을 댔다. 포병대에 근무했을 것이 분명했다.

우체국장은 유달리 푸르고 선량한 눈을 하고 있었는데 안경점에다 특별히 주문한 것이 아닌가 생각될 정도였다. 그의 구레나룻도 믿을 수 없을 정도로 하얬다. 우체국장은 아마 매일 아침이나 자기 전에 자신의 구레나룻에 분을 바를 것이다.

매일 아침 우체국장은 커피숍에 걸린 달력을 한 장씩 찢었다. 이그나츠라면 일 년 내내 1월 1일이었을 것이다. 하지만 우체국장은 매일 이름하고 날짜를 맞추도록 신경을 썼다.

나는 우체국장을 사랑했다.

사랑이 꽃피는 공원은 도시 한가운데가 아니라 변두리에 있었다. 공원은 풀밭으로 이어져 있었다. 출구에 내가 저녁 식사를 하는 식당이 있었다. 그 건너편이 우체국이었다. 우체국은 눈처럼 하얀 석회 문설주를 단 새 건물이었다. 우체국은 입구에 문장이 그려져 있는데, 초록색 쌍 여닫이문이 달려 있고, 문에는 둥그런 우체국 나팔이 그려져 있었다. 우체국은 이 도시에서 유일한 3층 건물이었다.

3층에는 우체국장이 살고 있었다.

3층에는 항상 창문 하나가 열려 있었다. 나는 창문이 열린 곳에 우체국장이 살고 있을 것으로 생각했다.

그는 눈을 푸르게 하려고 항상 하늘을 쳐다볼 것이 틀림없다. 우체국장은 자식이 없고, 그의 아내는 백발의 늙은 여자일 것이라고 나는 생각했다. 아마 우체국장과 그의 아내 두 사람은 저녁때만 서로 이야기를 할 것이다.

열려 있는 창문이 잘 보이도록 나는 식당에서 자리를 잡았다. 우체국장이 하늘을 쳐다보려고 나타나기를 나는 기다렸다. 하지만 그는 잘 나타나지 않았다. 그런데 어느 날 눈부시게 아름다운 젊은 여자가 창가에 나타나 하늘을 쳐다보았다.

그녀의 아름다움에 놀라 나는 급히 식당의 창밖으로 그녀를 올려다보았는데 그걸 알고 그녀가 나를 바라보았다. 당황해서 나는 인사를 했다. 그녀도 인사를 했다. 이제 그녀는 매일 창가에 나타나게 되었다.

나는 야생 포도 잎처럼 나의 체험을 심어 잎이 자라는 모습을 지켜보았다. 나는 게으르고, 열정이 영(零)이다. 그런데 창가의 그녀를 본 순간부터 나는 다시 소년 시절에만 느꼈던 그런 긴장감 속에서 살게 되었다. 그 당시 나는 아직 세상의 한 부분이었고 세상의 물결 속에 떠돌며 밀려다니는 지푸라기였다. 종이봉투 같은 하찮은 것을 잃어버려도 나는 울었다. 그런데 나이가 든 후에는 웃지도, 울지도 않게 되었다. 아무도 직접 고통을 줄 수 없었다. 나는 고통과 기쁨을 초월해 있었다.

그런데 이제 나는 고통과 기쁨을 다시 느끼게 되었고, 사소한 일에도 정신을 뺏기게 된 것이다.

내가 지나갈 때면 그녀는 언제나 창을 내다보고 있었다. 매일 나는 인사를 보냈다. 사흘째 되던 날 그녀가 미소를 지었다.

그녀의 미소에 나는 태양 아래 하찮은 것은 하나도 없다는 것을 깨달았다. 세 번째 날 그녀의 미소는 하나의 커다란 사건이었다.

그녀의 얼굴은 창백하고 조그마했다. 새까만 눈은 윤이 나듯 반짝였다. 머리는 매끈하게 뒤로 빗어 넘겼다. 어깨는 좁고 두려움에 차 있었다.

비 오는 날에도 그녀는 창을 내다보았고, 창은 열려 있었다. 나는 식당에 앉아 있었고 유리창에는 차가운 비가 흘러내렸다. 나는 매번 유리를 깨끗이 닦아야 했다. 그녀는 언제나 미소를 보냈다.

언젠가 남자 두 명이 식당의 창가 테이블 앞에 앉아 있었다. 나는 음식도 먹지 않고 밖으로 나가 식당 앞에서 이리저리 서성거렸는데, 그 모양은 야경꾼같이 우스꽝스러웠다. 나는 코트 깃을 높이 올리고 성큼성큼 천천히 걸었다. 옷에서 빗방울이 떨어졌다. 사람들은 우체국의 현관 안에 서 있거나 식당 입구에서 비가 그치기를 기다리고 있었다. 번개가 치면 그들은 몸을 조금씩 움츠린 채로 하던 이야기를 멈췄다. 가끔 그들은 나를 쳐다보았다. 나막신을 신고 선정적인 요란한 가슴을 한 젊은 시골 여자가 비에 젖어 추위와 흥분에 떨며 문턱에서 나를 팔꿈치로 밀치면서 비키라고 했다. 하지만 나는 무시하고 걸어갔는데, 위에서는 그녀가 미소를 짓고 있었다.

사람들은 유리창을 올려다보고 소리 내어 웃었다. 그 젊은 여자도 웃었다. 내가 뒤돌아보자 모두 당황해했는데, 아마 나를 미친 사람으로 알았던 모양이다.

나는 일주일 동안 내내 견딜 수가 없었다. 내가 아나에게 창가의 그녀 이야기를 하자 아나가 놀렸다. "왜 웃지?" 내가 물었다. "나는 창가의 그녀를 사랑해."

"그럼 왜 올라가 보지 않나요?"

"그럴 생각이야."

"안 돼요, 그러지 말아요." 아나가 부탁했다. "아마 그녀를 정말 사랑하게 될 거예요."

어느 날 창가의 그녀 옆에 우체국장이 서 있던 일을 나는 결코 잊을 수 없다. 내가 인사를 하자 우체국장이 답례했다. 마치 내가 친한 친구인 것처럼 아주 자연스러웠다.

그녀가 우체국장의 조카라고 아나가 말했다.

나는 우체국장에게 가기로 작정했다.

그런데 두 주일이 되어도 나는 가지 않고 있었다. 나는 이렇게 말하고 싶었다. "존경하는 우체국장님, 당신의 눈, 당신의 박차, 그리고 당신의 너무 긴 바지까지 저는 전부 좋아합니다. 저는 그녀를 사랑합니다. 제 생각에 그녀는 내 인생의 여성인 것 같습니다. 나는 내 친구 아벨처럼 그녀를 잃지는 않을 것입니다."

그런 다음에 나는 내 친구 아벨의 이야기를 할 작정이었다.

아마 우체국장은 미소하며 일어설 것이고, 그의 징은 이제야 찰랑 소리를 배우기 시작한 어린 은빛 심벌즈처럼 나지막이 딸랑거릴 것이다.

그녀는 내 말을 이해할 것이고, 아나처럼 묻지 않을 것이다.

그녀는 아나와 완전히 다르다.

나는 그녀에게 할 말을 알 것 같았다.

그래서 나는 대도시로 나가서 나 자신에게 돈을 부쳤다. 그러면서 거꾸로 성을 앞에다, 이름은 알파벳 첫 글자만 썼다. 그리고 돌아와서 돈을 기다렸다.

우편배달부가 왔는데, 돈을 마지막으로 배달해본 것이 2년 전의 일이라 그는 상당히 들떠 있었다. 그건 오랜만의 일이었다. 그는 규정을 빠르게 읽고 내게 서류를 요구했다. 방안에 서 있는 동안에도 그는 머리에 모자를 쓰고 있었다. 근무 중이라고 생각했기 때문이다.

그가 돈을 내주려하자 내가 말했다.

"내 이름이 거꾸로 쓰여 있어요."

"괜찮습니다." 배달부가 말했다.

"안 되지요." 내가 말했다. "우체국장님에게 돈을 가지고 가서 나한테 돈을 줘도 되느냐고 물어보세요."

10분에서 15분간을 나는 우체국장한테 가 있게 되었다. 우리는 그저 돈 이야기만 했는데, 그는 내가 틀림없이 정당한 수취인이라고 말했다. 이 도시에는 아무도 비슷한 이름을 가진 사람이 없다는 것이었다.

"네, 그렇습니다. 이곳은 아주 조용한 작은 도시입니다." 라고 우체국장은 말했고 칭찬까지 했다. 무슨 얘기입니까, 당신 이름처럼 아름다운 멋진 이름을 가진 사람은 이곳에 아무도 없습니다, 라고 말하는 것 같았다.

그의 징만이 아직 어린 심벌즈처럼 나직하게 달랑거렸고, 모든 것은 내가 상상했던 그대로였다. 단지 창가의 그녀에 관해서는 한마디도 하지 못했다.

밖으로 나와서 나는 유리창을 올려다보았다. 우체국장이 창가에 서 있었다. 나는 다시 한 번 인사를 했고 그는 눈인사를 했다. 나는 이때야말로 다시 올라가서 그녀 이야기를 할 가장 적당한 순간이라고 생각했다. 하지만 이런 적당한 순간을 이용할 능력이 당시 나에겐 없었다.

인생의 모든 것이 해묵고 못쓰게 되어 버렸다. 말도 상황도 그렇다. 모든 적절한 순간들은 이미 지나갔다. 이야기는 전부 다했다. 나는 이야기나 상황을 반복할 수 없다. 그것은 벗어놓은 옷을 계속 입는 것과 같다.

그날 저녁 그녀는 창가에 없었다. 나는 떠나기로 작정했다.

호텔로 와 나는 짐을 꾸렸다. 아나가 와서 물었다.

"얼마나 떠나 있을 거예요?"

그녀는 내가 영원히 떠날 수 있다는 생각을 전혀 하지 못했다.

"이틀"이라고 말했는데, 나는 이 거짓말이 조금도 후회되지 않았다. 아나에게 거짓말 좀 하면 어떤가! 창가의 그녀는 사라졌고, 나는 우체국장한테 이야기할 적당한 기회를 놓쳤다.

"우체국장에게 갔었어요?" 아나가 물었다.

"응." 내가 말했다. "그런데 오늘 창가의 그녀가 안 보여."

"아마 아플 거예요." 아나가 말했다.

"아프다고? 왜 그런 말을 하지?"

"그녀는 아파요, 그걸 몰랐어요? 아프다고요. 어지럽고 기운이 없어요. 그래서 한 번도 길로 못 나와요. 곧 죽을 거예요."

아나는 이 모든 것을 빨리 말했다. 그녀의 말은 공중재주처럼 빨랐다.

하지만 나는 날카롭고 메마른 그 한마디 한마디를 전부 들었다. 그 말 하나하나가 딱딱한 동전이 땜납 판에 녹아들 듯 내 뇌리에 파고들었다. 나는 아나가 어떻게 하고 있나 보았다. 머리는 매끈히 빗어 넘겼고 금방 물에서 올라온 듯 윤기가 흘렀다. 아나는 절대로 죽을 리 없다고 나는 생각했다.

창가의 그녀는 죽을 것이다, 죽을 것이다. 죽을 것이다.

나는 그녀와 이야기할 수 없을 것이다. 그래서 나는 그 적당한 기회를 사용하지 않았던 것이다. 나는 그 적당한 기회 때문이 아니라 그녀가 아프기 때문에 괴로웠다.

"아나" 내가 말했다. "나는 영영 떠나."

"그녀가 아프기 때문인가요?" 아나가 소리 내어 웃었다.

"응."

"하지만 나는 건강해요." 아나가 말했다.

그 순간 그녀는 승리자의 얼굴을 했다. 얼굴은 창백하고 차가웠다.

"역으로 같이 가요." 아나가 말했다.

아나와 나는 같이 역으로 갔다.

기차가 왔고 나는 매표소로 가려고 했다. 그때 앞선 여행객이 다가와 인사를 했다. 요란한 가죽가방을 들고 있었고 포마드 냄새를 풍겼다.

아나는 경련하듯 내 팔을 잡았고, 나는 멈춰 섰다.

"저기요, 떠나지 말아요." 아나가 말했다.

그녀는 더는 승리자가 아니었다. 모퉁이로 내몰린 당황한 가엾은 동물처럼, 나무 하나 없는 삭막한 밭으로 내몰린 다람쥐처럼 보였다.

여행자가 내게 다가와 말했다. "반갑습니다. 안녕하십니까? 도착하신 건가요? 아니면 지금 떠나시는 겁니까?"

"네." 내가 말했다. "지금 막 도착했습니다." 그렇게 말하고 나는 아나와 같이 시내로 돌아왔다.

밤새도록 나는 한숨도 자지 못했다. 죽어가는 그녀를 생각해서 였다. 그녀가 곧 죽는다는 사실을 알고 난 후 나는 그녀에게 미치는 내 힘을 느꼈다. 그녀를 꼭 붙잡고 그녀의 두 손을 잡을 수 있을 것이다. 그녀가 내 소유 안으로 들어온 것이다.

그녀가 전에도 아팠으리라고 생각되지 않았다. 나를 위해서 그녀는 지금 병이 든 것이다. 그녀가 죽을 것으로 나는 생각했고, 나는 한 시간 내로 누군가가 자신이 사랑하는 대상을 압류하러 올 것을 아는 사람의 심정이었다.

다음 날 아침 내내 나는 우체국 앞을 계속 서성거렸다. 우체국장은 매시간 창가에 나타나 나를 내려다보았는데, 분명 이상하게 생각했을 것이다. 그가 점심때쯤 집 밖으로 나오자 나는 그에게 인사를 했다. 그는 답례했는데 이상하게 생각하는 것 같았다. 오후 3시쯤 그가 돌아올 때도 난 여전히 집 앞을 배회하고 있었다. 나는 시계추처럼 정신없이, 알 수 없는 톱니바퀴에 밀려서 왔다 갔다 했다.

저녁이 되자 나는 식당에 앉아서 밖을 올려다보았다. 우체국 건물의 창문이 열리고 그녀가 나타났다.

그녀가 먼저 인사를 보냈는데 좀 서두르고 있었다. 어제 아팠기 때문에 그녀는 오늘 내가 기다리고 있지 않을 것으로 생각한 것 같았다. 나는 잠깐 올려다보았는데, 내 눈에는 긴 대화가 담겨 있었다.

사흘간 계속 이야기를 했다 해도 그녀에게 그렇게 많은 말을 할 수는 없었을 것이다.

나는 멍하니, 소년처럼 들떠 있었다. 그녀는 내 이야기를 이해한 것 같았다. 어두워져서야 그녀는 창문을 닫았는데, 갑자기 방 안에 밝은 빛이 들어오고 커튼이 닫혔다. 커다란 남자의 그림자가 부드럽고 밝은 커튼에 나타났다. 우체국장이 아니었는데, 우체국장의 그림자라면 수염이 있어야 하는 까닭이었다. 그림자는 수염이 없는 남자였다. 혹시 오빠인지 몰랐다.

나는 한 시간쯤 공원을 산책했다. 사람들은 아직도 벤치와 꽃밭에서 사랑을 속삭이고 있었다. 몇 여자들과 마주쳤는데, 그들은 정신이 나가서 취한 사람처럼 머리를 흐트러트린 채 들떠서 자갈길을 이리저리 걷고 있었다. 걸음은 비틀거렸지만 흥분해서 들떠있었다. 그들은 마치 낯선 힘에 의해 미친 듯 뱅뱅 돌다가 미지의 그 힘이 다하자 뒤에 남은 회전의 마력에 사로잡힌 채 의지할 곳도, 중심도 못 잡는 팽이처럼 보였다.

이 사람들은 모두 건강하고 절대로 죽지 않을 것이라고 나는 생각했다.

아나를 찾아 방으로 찾아갔더니, 그녀는 잠옷 차림으로 침대 가에 앉아 울고 있었다. 그녀는 대부분의 우는 사람들처럼 얼굴을 두 손으로 가리고 있지 않았다. 지칠 줄 모르고 내리는 시골의 비처럼 끊임없이 흐르는 그녀의 눈물은 그녀의 영혼에서 나오는 것이 아니었다. 그것은 방어할 수도 감출 수도 없고 아무런 목표도 없는 어떤 낯선 것, 갑작스러운 것, 기습적인 것이었다.

그날 밤에 나는 처음으로 무언가 새로 소유했을 때의 그런 사랑과 기쁨을 가지고 아나를 사랑했다.

다음 날 아침에 나는 이 도시의 마지막 이야기를 들었다.

여행자는 아침 일찍 커피숍에 앉아 케이크를 먹고 있었다. 손으로 먹는 게 아니라 거추장스럽게도 나이프와 티스푼으로 먹고 있었다. 미식가로, 예법을 알기 때문이었다. 그는 케이크를 오랫동안 먹었다. 그러더니 일어나 달력으로 가서 어제의 날짜를 단호하게 찢었다. 새로운 날을 창조하듯 마치 신처럼 힘이 넘치고 의기양양했다. 나는 우체국장이 올까 봐 불안했다.

수십 년 동안 지나간 날짜를 우체국장이 찢었고, 그는 새로운 날을 조심스럽고 겸손하게 신이 아니라 신의 종으로서 벗겨냈다. 오늘 그는 달력을 보고 놀랄 것이고, 요일과 날짜에 혼란을 일으켜 이 세상을 다시는 이해하지 못할 것이다.

그래서 나는 찢어진 달력 종이를 집어서 반반하게 편 다음에 다시 달력에 달았다.

여행자가 나를 보면서 말했다. "선생님, 오늘은 5월 28일입니다." 날짜를 너무 크게 말했기 때문에 나는 놀랐다. 그것은 극히 단순한 일이고 온 세상이 알아야 할 일이지만, 내겐 여행자가 몰염치하고 야만적으로 소중한 비밀을 내뱉고 있다는 생각이 들었다.

5월 28일

이 순간 탑시계가 7시 반을 쳤고 우체국장이 들어왔다. 그의 구두 징이 나직하고 힘차게 소리를 냈다. 징은 킬킬댔고 우체국장은 점잖게 달력으로 가서 새로운 날을 열었다. 이제야 제대로 5월 28일이 된 것이다.

이 5월 28일은 내 생애의 풍요한 날 중의 하나였다. 내가 떠날 결심을 한 날인 까닭이다.

이제 이 도시에서 무엇을 한다는 말인가? 창가의 그녀는 죽을 것이다. 아나가 안됐고 그녀의 모습이 마음 아팠지만 도와줄 길이 없었다. 우편배달부에 관해서라면 나는 모르는 것이 없었고, 우체국장의 은빛 징의 딸랑 소리도 마찬가지였다. 케테가 매일 아침 같은 시간에 창문을 열 때 내가 지나가면서 인사하지 않는다고 무슨 일이 있겠는가? 벌써 5월 28일이었다.

5월 28일 이제는 머물 수가 없었다. 보지 못하는 사이에 들판의 이삭이 사람보다 더 높게 자랐다. 여섯 마리 토끼들이 차례로 밭을 달려간다 해도 한 마리의 귀 끝도 보이지 않을 것이다. 농사가 잘되어서 과수원에는 맨발로 걸어갈 수 있을 만큼 눈같이 하얀 꽃송이들이 두껍고 높게 쌓여있었고, 공원의 이야기는 먼 나라처럼 느껴졌다.

이젠 구름도 하늘에서 젊음과 무사태평 속에서 둥둥 떠가는 것이 아니라 의무를 다하려고 부풀어 오른 풍성한 몸을 매우 육중하게 움직이고 있었다. 5월 28일에는 모두 자기의 할 일을 아는 법이다.

죽어가고 있는, 한 번도 키스할 수 없는 그녀의 창 앞을 매일 저녁 서성이는 것이 우스꽝스럽다고 나는 생각했다. 나는 이제 젊지 않다, 라고 나는 생각했다. 하루하루가 과제이며, 매시간이 내 삶의 죄악이었다.

한번은 커다란 항구의 꿈을 꾸었다. 나는 2만 개쯤 되는 배의 사슬이 덜그렁거리는 소리와 바쁜 뱃사람들의 외침을 들었다. 무거운 기중기가 인간의 힘으로 움직이는 것이 아니라 자신의 힘이나 신의 의지로 움직이듯 어려움 없이 유연하고 자연스럽게 오르락내리락하는 것을 보았다. 그것은 쇠의 발버둥이 아니라, 자연스러운 힘의 유연한 휘어짐이었다.

때로 나는 대도시 꿈도 꾸었는데 뉴욕인 것 같았다. 나는 이 도시의 요란한 박자를 호흡했다. 사람들과 차량, 포도석, 가로등, 광고탑이 넘치는 거리는 크고 넓고 끝없이 달려가는데 어디로, 무엇을 위해서인지 알 수 없었다. 도시는 서 있는 것이 아니라 달려가고 있었다. 정지한 것은 없었다. 큰 공장들은 커다란 굴뚝에서 하늘을 향해 연기를 내뿜었다. 이 삶의 멜로디를 들으려고 나는 잠시 눈을 감았다. 그것은 무서운 음악이었다. 그것은 울림통이 뒤바뀌어 미친 듯한, 끔찍한 소리를 내는 아코디언의 멜로디처럼 들렸다. 그 음악은 무척 자극적이었다. 잘못된 리듬은 아니지만 불쾌한 리듬이었다. 나는 얼마 동안 이 리듬 속에서 소리를 지르다가 깨어났다.

깨어났을 때 나는 내가 대도시의 한 일원이 아니라, 그런 곳과 거리가 먼 미미한 소도시의 미미한 주민이라는 사실에 기분이 묘했다. 나는 대체 어떤 사람이었지? 창 아래의 남자였다. 나는 스스로에게 말했다. 친구야, 더는 살지 못하는 그녀를 묻어버리고, 삶으로 들어가라. 중요한 것은 삶이다. 더 의미가 있는 것은 (인간 이성의 합리적인 법칙에 따라) 그녀에게 올라가서 종일 침대 곁에서, 그리고 저녁에는 그녀와 더불어 창가에 앉아서 엄청난 혼돈의 소용돌이와 세상의 핏줄 속을 흐르는 붉은 피를 그녀에게 날라다 주는 것일지도 모른다. 하지만 더 중요한 것은 삶이다.

이렇게 무자비하게 스스로에게 말하면서 나는 고통을 묻어버리려고 했다. 나는 고통을 몰인정의 담 아래에다 묻었다.

나는 내가 타고 온, 이 도시의 한 대뿐인 마차를 다시 타고 떠났다. 아나에게는 아무 말도 하지 않았다.

늦은 오후였다. 해는 황금빛 드넓은 햇살을 비추고 있었다. 역은 커다란 노란 고양이처럼 햇빛 속에 웅크리고 있었다. 기찻길은 멀리 세상을 향해 나 있었고, 대지를 강철로 휘감고 있었다.

기차에 앉아 창을 내다보며 나는 이 도시와 지나간 몇 주를 몰인정, 즐거움, 의지력으로 이별했다.

우편배달부는 술에 취하고 우체국장은 박차를 철렁거리고 여행자는 포마드 냄새를 풍기겠지. 웨이터 이그나츠의 손은 젖어있을 것이고, 아나는 그의 애인이 될 것이다.

그런데 창가의 그녀는 어떻게 될까?

죽겠지, 라고 나는 말했다. 이번 일로 내가 건강한 것을 기쁘게 생각했다고 고백하는 게 나는 부끄럽지 않다.

나는 지난 몇 주 겪었던 병은 얼마나 쓸데없는 병이었는가. 내 친구 아벨은 정말 감상적인 친구였다. 나는 결코 한 여자 때문에 뉴욕을 떠나지는 않을 것이다.

그렇다, 나는 당장 뉴욕으로 가련다. 미국은 멋진 나라이다. 돌로 만든 주교(主敎)가 세운 나라가 아니다.

내가 이런 생각을 하는 동안 기차는 기적을 울리고 덜컹 움직였다. 이 순간 빨간 모자를 쓴 철도보조원이 사무실에서 나와 플랫폼에 나타났다. 문은 그대로 열려 있었다.

그리고 그 철도보조원 뒤로 눈부시게 아름다운 여자가 나타났다. 바로 창가의 그녀였다.

"그냥 있어." 철도원이 그녀에게 말하는 소리가 들렸다. "금방 끝나."

하지만 그녀는 그 말을 듣지 않았다. 그녀는 나를 바라보았다. 우리는 서로 쳐다보았다. 그녀는 흰 원피스를 입고 꼿꼿이 서 있었는데, 건강했으며 전혀 불구가 아니고 결핵환자도 아니었다. 분명 철도원의 약혼녀 아니면 아내가 틀림없었다.

기차가 다시 움직이고 서서히 구르기 시작했을 때 나는 손을 흔들며 그녀의 눈을 응시했다. 단지 이 눈길 때문에 나는 지금까지 이 이야기를 쓴 것이다.

찻간에서 나는 울어야 할 것 같은 의무감을 느꼈다. 하지만 나는 웃었고, 들판에서 목동이 개를 때리는 것, 선로지기가 신호기를 들고 뻣뻣하게 서 있는 것, 그의 아내가 빨래를 널고 있는 것, 자그마한 마차가 비틀대며 들길을 지나가는 것을 보았다.

"삶은 중요하다." 나는 소리 내어 웃었다. "정말로 중요하다." 그리고 뉴욕으로 갔다.

모범생

우편집배원 안드레아스 반츨의 어린 아들, 안톤은 세상에서 보기 드문 독특한 얼굴을 하고 있었다.

진지한 코가 휘어져서 더 날카롭게 보이는 독특한 형태의 얼굴, 갸름하고 창백한 그 얼굴을 연노란색 머리카락이 볼품없이 덮고 있었다. 눈에 잘 띄지 않는 흐릿한 양 눈썹 위에는 넓은 이마가 엄숙하게 자리를 잡았고, 이마 아래에는 깊고 연푸른 두 눈동자가 극히 조숙하고 진지하게 세상을 바라보고 있었다. 가늘고 창백한 입술을 꽉 다물어 고집스러운 분위기가 감돌았는데, 이 얼굴을 인상적으로 만드는 것은 균형 잡힌 아름다운 턱이었다. 가느다란 목 위에 머리가 얹혀있고, 전체적으로 몸은 가냘프고 연약했다. 가는 손목에 강하고 붉은 두 손이 부러질 듯 약하게 매달려서 흔들리는데 몸하고 특이한 대조를 이루었다. 안톤 반츨은 항상 얌전하고 깔끔하게 옷을 입었다. 상의에 먼지 하나, 양말에 구멍 하나 없었고, 매끄럽고 창백한 얼굴에는 어떤 상처도 흉터도 없었다. 안톤 반츨은 거의 놀지 않았다. 한 번도 다른 아이들과 싸우지 않았다. 한 번도 이웃집 사과를 훔친 적이 없었다. 안톤 반츨은 공부만 했다. 아침부터 저녁 늦게까지 공부했다. 바스락대는 하얀 포장지로 책과 공책의 표지를 아주 깨끗하게 쌌다. 맨 앞장에는 아이치고는 이상하게 작은, 깔끔한 글씨로 이름을 적었다. 화려한 성적표는 멋지게 접어서 커다란 빨강 봉투에 넣어 아름다운 우표가 들어있는 앨범 옆에 꽂아 놓았다. 그 우표로 말하자면 성적표보다도 남들의 부러움을 더 많이 사는 소중한 물건이었다.

안톤 반츨은 마을 전체에서 가장 얌전한 아이였다. 학교에서 그는 규율에 따라 "팔짱을 끼고" 조용히 앉아 있었고, 진지한 눈동자는 선생님의 입을 응시했다. 물론 수석이었다. 모두가 그를 전 학급의 최고 모범생으로 간주했고, 그의 공책에는 숙제마다 아래에 언제나 커다랗게 '수'라는 글씨만 쓰였고 빨간 줄은 하나도 없었다. 안톤은 조용하고 간결하게 대답했고, 항상 준비가 되어있고, 한 번도 결석하지 않았다. 못 박힌 듯 그는 교실의 자기 자리에 꼼짝 않고 앉아 있었다. 제일 힘든 것은 쉬는 시간이었다. 그 시간에는 교실의 환기를 위해서 모두 밖으로 나가고 당번만 남았다. 안톤은 운동장에서 담에 얌전히 기댄 채 한 걸음도 앞으로 나아가지 않았는데, 뛰어다니면서 시끄러운 아이들과 혹시 부딪칠까 걱정했기 때문이다. 그러다 종이 울리면 안톤은 안도의 한숨을 내쉬었다. 그는 교실 안으로 들어가는 시끄러운 아이들 뒤를 교장 선생님처럼 조심스럽게 따라 들어가 아무한테도 말을 건네지 않고 똑바로 서 있다가 선생님이 "앉아"라고 명령하면 자동으로 다시 의자에 앉았다.

안톤 반츨은 행복한 아이가 아니었다. 불타는 명예욕이 그를 집어삼켰다. 빛나고자 하는, 다른 아이들보다 위로 비약하고자 하는 강한 의지는 그의 약한 힘을 쇠진시켰다. 안톤의 목표는 단 하나였다. 그는 "반장"이 되고자 했다. 당시 반장은 다른 학생, '덜 훌륭한' 아이가 맡고 있었는데, 학급에서 제일 나이가 많아서 존경스러운 그의 나이 때문에 담임교사한테 신임을 받은 아이였다. "반장"은 일종의 교사 대리인이었다. 교사의 부재 시에는 그 대표 학생이 반 아이들을 감시하고 시끄러운 아이 이름을 '적어서' 담임교사에게 넘겨주고, 칠판을 깨끗이 닦고 깨끗한 지우개와 뾰족한 분필을 준비해 두고 공책이나 잉크병, 벽이나 깨어진 유리창의 수리비를 걷었다. 그런 반장 자리가 어린 안톤의 마음을 사로잡았다. 잠을 이루지 못하면서 그는 시기심에 불타 무서운 계획을 세웠고, 어떻게 하면 '반장'을 밀어내고 그 명예직을 뺏을 수 있을까 곰곰이 생각했다. 그러던 어느 날 그는 길을 찾았다.

'반장'은 유난히 색연필과 색 물감, 카나리아 새, 비둘기, 병아리를 좋아했다. 선물로 그를 매수하는 것이 가능했기 때문에, 그런 선물을 반장에게 준 아이는 선생님한테 고자질 당하는 법 없이 마음껏 떠들 수 있었다. 안톤은 그걸 파악했다. 그 자신은 한 번도 선물을 바친 적이 없었다. 그런데 다른 아이 한 명도 뇌물을 바치지 못하고 있었는데, 학급에서 제일 가난한 아이였다. 안톤은 고자질할 수도, 놀릴 수도 없기 때문에 '반장'은 안톤 대신 가난한 그 아이를 매일 치욕스러운 고자질의 희생물로 삼았다. 여기서 안톤은 탁월한 작업을 생각해 냈다. 내가 '반장'이 되고 싶은 것을 아무도 알아차리면 안 돼. 맞아, 항상 맞고 있는 가난한 저 애를 감싸는 척하면서 선생님한테 폭군의 끔찍한 뇌물 수수를 폭로하면 나는 정의롭고, 정직하고, 용감하다는 칭찬을 들을 거야. 반장자리가 비면 그 자리를 차지할 사람은 나밖에 없어. 결국 그는 어느 날 마음을 다잡고 '반장'을 비방하기 시작했다. 그러자 상대는 곧바로 반장 직책의 등나무 회초리를 내려놓고 안톤 반츨을 '반장'으로 엄숙하게 명명했다. 안톤은 목적을 달성했다.

안톤 반츨은 검은 연단 위에 앉아 있는 것을 좋아했다. 존경스러운 높이에서 학급을 내려다보며 그는 연필을 끄적거려

기입하고 이런저런 경고를 하고 아무것도 눈치 못 챈, 소란스러운 아이의 이름을 적어서 합당한 벌을 받도록 했다. 교사한테 신뢰를 받아서 공책을 들고 뒤를 따라다녔다. 중요한 인물로 보였고 존경도 받았다. 하지만 안톤 반츨의 명예욕은 끝이 없었다. 그의 눈앞에는 항상 새로운 목표가 있었다. 그리고 그 목표를 위해서 그는 온 힘을 다해 매진했다.

그러면서도 그는 절대 '아첨꾼' 소리를 들어서는 안 되었다. 외모에 항상 위엄을 갖추고 사소한 행동도 신중하게 처신하고, 교사들에게는 묵묵한 자부심과 함께 작은 관심을 내보이면서 진지한 얼굴로 교사가 외투 입는 것을 도왔는데, 그의 모든 아첨은 눈에 띄지 않아 직무상의 활동 같은 성격이었다.

집에서는 그를 '토네를'이라고 불렀고, 귀한 대접을 받았다. 그의 아버지는 소도시 집배원 같은 직책으로, 반은 공무원 반은 사설 정보원이자 수많은 가정 비밀의 소식통이었고, 살짝 권위 있고 살짝 겸손하고 살짝 자부심이 있고 살짝 팁에 목말라했다. 그는 집배원의 독특한 구부정한 걸음걸이로 두 발로 삐걱 소리를 내며 걸었는데 작고 마치 양복장이처럼 말랐고, 너무 커다란 업무용 모자를 쓰고 조금 긴 바지를 입었지만 그래도 윗분들과 시민들한테서 꽤 '점잖은 사람'으로 상당한 신망을 받고 있었다.

반츨 씨는 외동아들한테 시장님이나 우체국장님을 대하

는 것 같은 일종의 존경심을 가졌다. 그렇다. 반츨 씨는 한가로운 일요일 오후면 이런 생각을 했다. 우체국장님은 우체국장에 불과하다. 하지만 내 아들 안톤은 뭐든지 될 수 있다. 시장, 김나지움 교장, 군수도 — 반츨 씨는 여기서 한번 크게 마음을 잡고 — 혹시 장관이 될지도 모르지, 라고 생각했다. 그가 아내에게 이런 생각을 말할 때면, 아내는 그의 말이 맞는다면서 파란 앞치마 왼쪽 자락을 눈에 대고 한숨을 약간 내쉬면서 '맞아요, 맞아요.'라는 말만 했다. 왜냐하면 마르가레테 반츨 부인은 남편과 아들에 대해 커다란 존경심을 갖고 있었고, 집배원만 해도 다른 사람들보다 높다고 생각하는 상황이어서 아들이 장관이 되지 말라는 법도 없었다.

어린 안톤은 착하게 복종하는 것으로 부모의 염려와 사랑에 보답했다. 물론 그에게는 이 모든 것이 무척이나 힘들었다. 왜냐하면 부모가 명령을 거의 안 하기 때문에 그가 복종할 것이 별로 없는 까닭이었다. 하지만 그는 최고의 학생이 되었고, 최고의 학생 소리를 듣고자 하는 명예욕을 가지고 최선을 다했다. 여름이면 책을 들고 닭장 위에 앉아 있었는데, 어머니가 문밖의 노란 의자에 앉아 다른 부인들 앞에서 칭찬할 때면 안톤의 가슴은 자부심으로 두근거렸다. 물론 그는 무관심한 표정으로 일에 몰두한 척, 동네 아주머니들의 이야기에 한마디도 귀 기울이지 않는 척했다. 왜냐하면 안톤 반츨은 약아빠진 외교가인 까닭이었다. 그는 너무도 영리해서 착할 수가 없었다.

그렇다, 안톤은 착하지 않았다. 그에게는 사랑이 없었고 감정도 없었다. 그는 단지 똑똑하고 실질적이라고 생각하는 것만 했다. 그는 사랑을 주지 않았고 사랑을 요구하지도 않았다. 한 번도 애정이나 애무에 대한 필요성을 느끼지 않았으며, 슬픈 적이 없었고 한 번도 울지 않았다. 안톤 반츨은 눈물이 없었다. 왜냐하면 그는 착한 아이이기 때문에 울면 안 되는 까닭이었다.

김나지움에서도 안톤 반츨은 변하지 않았다. 외모만이 더 조심스럽게 바뀌었다. 계속 그는 우등생, 모범생이었고 부지런하고 예의 바르고 착했으며, 모든 대상을 전부 다 선하게, 소위 '편견' 없이 대했는데 그에게는 도대체 사랑을 가지고 집착할 것이 없었기 때문이다. 그래도 그는 쉴러[1]의 발라드를 뜨거운 열정과 예술가적인 열기를 가지고 암송했고 학교의 여러 행사에서 연극에 출연했으며, 사랑에 관해 현명하고 똑똑하게 말했다. 하지만 한 번도 사랑에 빠진 적이 없었고 여자애들한테는 지루한 상담자나 교사 역할을 했다. 그래도 뛰

1 Friedrich Schiller (1759~1805) : 괴테와 함께 독일 고전주의를 대표하는 작가이다.

어난 춤꾼으로 서클을 찾아다녔고 흠잡을 데 없이 번드레한 태도와 구두, 빳빳하게 다림질한 용모, 바지, 그의 셔츠 가슴이 그런 종류의 인물들한테서 찾아보기 힘든 순수함을 보충했다. 그는 동료들을 계속 도왔지만 돕고 싶어 도운 것이 아니라 언젠가 다른 사람들한테서 도움이 필요할지 모른다는 두려움에서였다. 그는 교사들이 외투 입는 것을 계속 도왔고, 자신을 필요로 하면 항상 손을 내밀었지만, 눈에 띄지 않도록 조심했다. 골골하는 외모였지만 한 번도 아픈 적은 없었다.

화려하게 졸업시험에 합격하고 통상적인 축복과 축하 인사, 부모님의 포옹과 키스 후에 안톤 반츨은 앞으로의 공부 방향에 관해 생각해보았다. 신학! 그것이 제일 맞는 것 같았다. 창백한 그의 거짓 믿음이 거기에 어울려 보였다. 하지만 신학이라니, 얼마나 체면 깎이는 일인가. 아냐, 그건 아니야. 의사가 되자. 하지만 그러기에 그는 사람을 너무나 조금밖에 사랑하지 않았다. 그는 변호사가 되고 싶었고 특히 검사가 되고 싶었다. 하지만 법학은 고상하지도, 이상적이지도 않았다. 철학을 공부해야 이상주의자였다. 그리고 문학도 그랬다. 그건 '배고픈 직업'이라고 사람들이 말하지만, 그래도 똑똑하게만 굴면 돈과 명예에 다가갈 수 있다. 그리고 똑똑하게 구는 일이라면 안톤은 할 수 있었다.

그래서 안톤은 대학생이 되었다. 하지만 세상에서 볼 수 없는 굉장히 “얌전한” 대학생이었다. 그는 담배도 안 피우고 술도 안 마시고 싸움도 안 했다. 그래도 무슨 단체에는 들어가야만 한다는 것이 그의 내심이었다. 자기보다 아래에 있어야 할 친구들이 있어야 하고, 빛나는 존재여야 하고 직책을 가지고 연설도 해야 하는 까닭이었다. 다른 회원들은 안톤을 면전에서 비웃으면서 그를 샌님, 공붓벌레라고 불렀지만, 마음속으로는 이 청년에 대해 엄청난 존경심을 가졌다. 안톤은 신입생에 불과한데도 이미 엄청난 학식을 가지고 있었다.

교사들 사이에서 안톤은 주목받았다. 그가 똑똑하다는 것을 교사들은 첫눈에 알아보았다. 안톤은 과외 학습에서 꼭 필요한 인물이자 걸어 다니는 사전이었고, 모든 책, 저자, 연대, 출판사를 기억했고 새로 출간된 모든 개정판을 알았으며 정보통이자 책벌레였다. 거기에다 교수들이 제일 좋아하는 추리와 조사 정리에도 재주가 있었는데, 그건 정말 소중한 재산이었다. 그는 몇 시간이고 지치지 않고 고개를 숙인 채 앉아 있을 수 있었다. 그는 언제나 정답이었다. 그는 교수에게 거역할 줄 몰랐다. 그래서 안톤 반츨은 세미나 수업에서 잘 알려진 인물이 되었다. 그는 항상 바람직한 태도를 보였는데, 항상 조용하며 심부름 준비가 된 학생으로, 찾아낼 수 없는 책을 찾아오고 메모를 하고 수업 안내도 했다. 여전히 외투를 받아 들었고 수위, 문지기, 교수 호위병이었다.

단 한 분야에서만 안톤 반츨은 뛰어나지 못했는데, 그것은 사랑이었다. 그는 사랑이 필요하지 않았다. 물론 마음속으로는 여자를 가져야 친구나 동료들이 자기를 완벽하게 존중해 줄 것이라는 생각을 했다. 그러면 놀리는 것이 중지될 것이고, 그렇게 되면 그는, 안톤은 존경심을 일으켜 존경받는 뛰어난 인물, 모범적인 남자가 될 수 있을 것이다.

그리고 그의 끝 모르는 지배욕은 그에게 완전히 종속된 존재, 그가 마음대로 주물러서 새로 만들어 낼 수 있는 존재가 필요했다. 안톤 반츨은 지금껏 복종만 했다. 이제는 한번 명령하고 싶었다. 내가 사랑하는 여자는 만사에 내 말에 순종해야 해. 그러자면 똑똑하게 처신해야만 해. 그리고 똑똑하게 처신하는 것이야말로 안톤이 잘하는 것이었다.

자그마한 미치 쉬나글은 포퍼 아이벤쉬츠 회사의 속옷 판매 담당이었다. 노루 같은 커다란 갈색 눈, 거만해 뵈는 코, 윗입술이 너무 작아서 생쥐의 이빨처럼 반짝이는 앞니가 앞으로 나와 반짝이는 깔끔하고 신비스러운 처녀였다. 그녀는 이미 '약혼한' 상태였는데, 상대는 마찬가지로 포퍼 아이벤쉬츠 회사의 직원으로, 넥타이와 손수건 전문가인 율리우스 라이너 씨였다. 미치는 깔끔한 그 청년이 상당히 마음에 들었지만, 그녀의 작은 머리와 심장은 율리우스 라이너 씨를 자신의 남편감으로 별로 탐탁하지 않게 생각하고 있었다. 그렇다. 그

청년으로 말하자면 사장 마르쿠스 포퍼 씨한테 요란하게 따귀를 맞은 지 채 2년도 안 되는 인물이었다. 미치에게는 우러러볼 수 있는 남자, 좀 더 높은 사회적 지위를 가진 남편이 필요했다. 천성적으로 깍듯한 이 진짜 여자는 학벌 갖춘 남자만이 소유할 수 있는 그런 여자로, 넥타이와 손수건 전문가인 약혼자의 여러 가지가 곱절이나 못마땅했다. 미치 쉬나글이 제일 좋아하는 것은 대학생으로, 퇴근하는 여직원을 밖에서 기다려 주는 화려한 모자를 쓴 젊은이였다. 율리우스 라이너가 엄청 신경을 쓰지 않는다면 미치는 길에서 남자가 말 걸어오는 것을 반기는 상황이었다.

그때 요젭 가(街)에 거주하는 이모 마리아네 본텍의 집에 점잖은 새 세입자가 들어왔다. 안톤 반츨 씨로 말하자면 진지하고 학식이 높고 원래 예의를 갖춘 사람이지만, 미치 쉬나겔 양한테는 특히 더 그랬다. 어느 일요일 오후 그녀가 방으로 커피를 가져다주자 젊은 신사는 친절한 말과 따스한 눈길로 고맙다고 인사했다. 그렇다. 한번은 그가 앉으라고 권하기까지 했는데, 미치는 고맙지만 방해되지 않나요, 라고 중얼거리면서 얼굴이 붉어지고 당황해서 얼른 이모의 방으로 돌아왔다. 그러다가 어느 날 안톤 씨가 길에서 그녀를 만나 인사를 보냈고, 함께 걷게 되자 미치는 기분이 좋아서 집으로 오는 길을 일부러 약간 돌아서 오기까지 했다. 그녀는 문과 대학생

안톤과 일요일에 만남을 약속했고, 다음 날 아침에는 율리우스 라이너와 말다툼을 했다.

안톤 반츨은 소박하지만 우아한 복장으로 나타났는데, 그의 연하고 흐릿한 머리카락은 오늘 어느 때보다도 정성스럽게 가르마가 나 있고, 희고 차가운 대리석 얼굴에는 약간 흥분한 기색마저 눈에 띄었다. 그는 시내 공원에서 미치 쉬나겔 곁에 앉아 대체 무슨 말을 해야 하는지 곰곰이 생각했다. 한 번도 그는 그런 운명적인 상황에 있어 본 적이 없었다. 하지만 미치는 이야기를 잘했다. 그녀는 이런저런 이야기를 했고, 저녁이 되어 라일락이 향기를 풍기고 지빠귀가 날고 덤불 속에서 5월이 킥킥대자 미취 쉬나겔은 그만 혼미해져서 불쑥 "저어, 안톤, 당신을 사랑해요."라고 말했다. 안톤 반첼 씨는 좀 놀랐다. 그러자 미치 쉬나겔은 뜨거워진 얼굴을 어딘가에 숨기고 싶었는데, 안톤 반츨 씨의 셔츠 속보다 더 나은 곳이 없었다. 안톤 반츨 씨에게 그런 일은 생전 처음이었고, 그의 빳빳한 셔츠 가슴은 들릴 정도로 바스락 소리를 냈지만, 그는 그런 일은 언젠가 한 번 일어날 일이었음을 것을 곧 깨달았다.

정신이 들자 그는 무언가 굉장한 생각이 났다. "나는 그대, 그대는 나"라고 그는 반쯤 중얼거렸다. 그러면서 민네

젱어[2] 시대에 관한 짤막한 연설을 했다. 열정적으로 그는 발터 폰 데어 포겔바이데[3]에 관해 이야기했고 제1차, 제2차 자음 추이[4]에 관해 설명했고, 이어서 독일어의 아름다움에 관해서, 거기서 제대로 넘어가서 독일 여성들의 정절에 관해 이야기했다. 미치는 긴장해서 귀를 기울였다. 한마디도 알아들을 수 없었지만, 학자의 말이었고 안톤 반츨 같은 사람이나 할 수 있는 이야기였다. 그의 연설이 그녀에겐 지빠귀의 휘파람만큼, 나이팅게일의 피리 소리만큼 아름답게 생각되었다. 사랑과 봄에 매혹된 그녀는 더는 참지 못하고 정말로 멋진 키스를 안톤의 가늘고 창백한 입술에 퍼부어 그의 멋진 강연을 중단시켰는데, 그 키스에 응하는 것이 안톤은 무척 기분이 좋았다. 곧 키스가 소나기처럼 그에게 쏟아졌는데, 반츨 씨는 그것을 거부할 수도, 거부하고 싶지도 않았다. 드디어 그들은 묵묵히 집으로 돌아갔는데, 미치는 마음이 복잡했고 안톤은 흥분해서 생각이 많았지만 아무 말도 할 수 없었다. 수많은 격렬한 키스와 포옹 후에 미치가 자신을 풀어놔 준 것이 그는 기뻤다.

---

2 중세의 연애 시 민네장(Minnesang)을 부르는 음유시인.

3 Walter von der Vogelweide (1170년경~1230년경) 중세의 대표적인 시인.

4 두 차례에 걸친 독일어 자음의 변화.

그 묘한 날부터 그들은 '사랑했다'.

안톤 반츨 씨는 곧 익숙해졌다. 그는 평일에는 공부하고 일요일에는 사랑했다. 미치를 몇몇 '동아리' 친구들 앞에 데리고 갔는데 친구들한테서 그녀가 의미심장한 미소로 환영을 받자 그는 우쭐해졌다. 부지런하고 끈기 있기 때문에 안톤 반츨 씨가 박사가 되는 데는 시간이 별로 오래 걸리지 않았다.

'실습 교사'로 그는 김나지움으로 갔고, 학부모들의 열렬한 환호와 환영을 받았다. 교수들도 '뜨겁게' 환영했고 교장도 진심으로 그를 맞았다.

황실 자문관 자베우스 크라이트마일 씨는 모모 국립 김나지움의 교장으로, 소위 '인맥이 좋은' 저명한 인문학자였다. 그는 학생들의 사랑을, 윗사람들의 호평을 받았고 최상류 사회와 교류했다. 아내 세실리에는 '대갓집'의 살림을 이끌며 저녁 모임과 무도회를 열었는데, 그 목적은 외동딸 라비니아—정말 안 어울리는 이름이다—를 결혼시키기 위한 것이었다. 궁정 자문관 자베우스 크라이트마일 씨는 대부분의 구식 학자들처럼 공처가로, 무엇이든 엄처가가 하는 일은 다 맞는다고 생각했고 아내를 라틴어 문법의 지고한 법칙처럼 신뢰했다. 그의 라비니아는 무척 순종적인 딸로 소설은 안 읽고 오로지 고대의 신화에만 관심을 가졌으며 젊은 피아노 교사인 한스 파울리 선생에게 푹 빠져 있었다.

한스 파울리는 진짜 예술가 기질이 있었다. 라비니아의 소박한 어린애 감성을 그는 좋아했다. 사랑에 있어 그는 아직 경험이 없었고, 라비니아야말로 그가 몇 시간 동안 함께한 최초의 여성이었다. 그나마 그런 일도 자주 있지는 않았다. 자문관의 딸은 이마가 좀 지나치게 넓은데다 눈에 생기가 없고 특징도 없어서 예쁘다고 할 수 없지만 아름다운 몸매 때문에 흉하게 보이지는 않았다. 한스 파울리는 '독일적인' 여자를 좋아하고 정절을 귀하게 생각했으며, 대다수 예술가가 그렇듯 자기 성질을 마음껏 부릴 수 있으면서도 위안과 즐거움을 받을 수 있는 여성을 원했다. 라비니아 양이야말로 그에게 가장 잘 어울리는 여자로 보였는데 그녀의 주변에 싹트는 젊음의 신선한 매력이 불기 시작하자 한스 파울리 씨는 예술가적 상상력에 빠져들었다. 때맞춰 유명세를 타기 시작한 거장 파울리는 정신없이 라비니아 크라이트마일 양과 사랑에 빠졌다.

크라이트마일 씨 댁을 방문한 첫날 저녁에 안톤 반츨 씨는 두 사람이 어떤 상황인지 당장 알아보았다. 라비니아 크라이트마일은 적잖이 그의 맘에 들었다. 모범생이 항상 소유하고 있는 본능은 그에게 라비니아가 자신에게 어울리는 여성이며, 자문관 자베우스 크라이트마일 씨가 자신에게 어울리는 장인이라고 말하고 있었다. 애송이 예술가 파울리쯤은 쉽게 쫓아 버릴 수 있었다. 단지 재빨리 행동해야만 했는데, 재빠르게 행동하는 것이라면 안톤은 남다른 재능이 있었다.

30분 만에 안톤 반출 씨는 그 집안에서 가장 중요한 역할을 하는 사람은 세실리아 부인이라는 사실을 알아냈다. 라비니아 양의 마음을 사려면 무엇보다도 어머니의 마음을 사로잡아야 했다. 젊은 아가씨들보다는 나이 지긋한 귀부인들과 이야기를 나누는 것이 그는 더 쉬웠기 때문에 고대 라틴 예술의 법칙에 따라 유용성과 즐거움을 결합하여[5] 그는 교장 사모님의 기사(騎士)가 되었다. 그는 부인에게 여러 가지 달콤한 아첨의 말을 했는데, 순진하고 어리석은 파울리라면 아마 부인이 아니라 딸인 라비니아한테 그런 말을 했을 것이다. 곧 세실리아 크라이트마일 부인은 안톤 반출 씨를 마음으로 받아들였다. 안톤은 맞수 한스 파울리를 대담하게 빈정대면서 의례적인 태도로 견제했다. 반면 예술가의 섬세한 감정은 파울리를 적수에게 자신을 다 드러나게 만들었다. 바보에다 어린아이인 그는 안톤 반출을 다른 교수들이나 현명한 남자들보다는 더 깊게 간파했지만, 한스 파울리는 외교가가 아니었다. 그는 안톤 반출에게 제 생각을 계속 그대로 드러냈다. 안톤이 계속 냉정하고 객관적으로 나오자 파울리는 열을 받았다. 안

5 호라티우스는 예술이 독자에게 깨달음(교훈)과 즐거움을 주어야 한다고 주장했다.

톤은 곧 학식이라는 무거운 무장을 하고 싸움터로 나왔는데, 한스 파울리는 그런 무기에 맞설 재주가 없었다. 왜냐하면 많은 음악가처럼 그 역시 대단한 학식을 갖추지 못했고, 사회에서 사람들이 '지식'이라고 부르는 것을 그의 깊은 몽상이 억누르고 있기 때문에 수치스럽지만 그는 후퇴하는 수밖에 없었다.

라비니아 크라이트마일 양은 바흐, 베토벤, 모차르트에게 빠져 있었지만, 저명한 인문학자의 훌륭한 딸로서 학문에 대해 그런 것에 못지않은 존경심을 가지고 있었다. 한스 파울리는 그녀에게 플로라[6]와 파우나[7]가 귀를 기울여 들어야 하는 오르페우스[8]였다. 그런데 이제 프로메테우스[9]가 올림포스산의 성스러운 불을 자문관 크라이트마일 씨의 집으로 들고 온 셈이었다. 한스 파울리는 여러 차례 모욕을 당했고 사람들은 그를 그들의 사회 안에 받아들이지 않았다. 반면 안톤 반출로 말하자면 자문관이 그의 아내의 평가만큼 높게 평가하는

---

6 로마 신화의 꽃과 풍요의 여신.

7 로마 신화에 나오는 동물의 무리.

8 그리스 신화에 나오는 시인이자 악사로 리라의 명수였다.

9 올림포스의 신들보다 한 세대 앞서는 거인 족으로, 인류에게 불을 가져다주었다.

남자였다. 라비니아는 순종적인 딸이었다. 그래서 어느 날 크라이트마일 씨가 딸한테 반츨 씨를 평생의 짝으로 맞아 결혼하는 것이 좋겠다고 하자 그녀는 "네"라고 대답했다. 라비니아 양한테서 겸손한 질문을 받고 뛸 듯이 기쁜 안톤한테서도 "네"라는 대답이 당장 나왔다. 약혼은 특별한 날, 즉 라비니아의 생일로 정해졌다. 한스 파울리는 이제야 예술가 삶의 비극을 알아차렸다. 그는 사람들이 자기보다 안톤 반츨을 더 좋아한다는 사실에 절망했고, 사람들과 세상, 신을 증오했다. 그래서 그는 증기선에 올라 아메리카로 가서 극장과 바리에테에서 연주를 했고, 불운한 천재가 되어 굶주린 채 길에서 죽었다. 약혼식은 아름다운 어느 6월의 저녁 궁정 자문관의 저택에서 있었다. 회색 실크 드레스를 입은 세실리에 부인은 옷자락을 스쳤고, 자문관 크라이트마일 씨는 잘 맞지 않는 연미복이 불편해서 계속 바람에 비뚤어진 넥타이를 잡아당겼다가 깔끔한 소맷부리를 당겼다가 하고 있었다. 안톤 씨는 연한 드레스를 입은 약간 진지한 신부 곁에서 기쁨에 넘쳐서 빛이 났다. 축배를 주고받고 글라스를 부딪쳤는데, 열린 창문 너머 자동차들의 경적까지 환호성이 울려 퍼졌다.

밖에는 도나우 강의 물결이 생성과 소멸에 관한 옛 노래를 부르며 흘러갔다. 물결은 별과 흰 구름, 푸른 하늘, 달과 더불어 흘러갔다. 뜨거운 향기를 내뿜는 재스민 숲에는 밤이 숨어 들어 부드러운 팔로 작은 향기마저 무더운 세상으로 새 나가지 못하도록 바람을 끌어안고 있었다.

미치 쉬나글은 강가에 서 있었다. 그녀는 발아래 검은 강물이 두렵지 않았다. 물속은 편안하고 부드러울 거야, 어리석은 이곳 땅에서처럼 모서리로 찌르지 않을 것이고, 거짓말할 줄 모르는 물고기들만, 못된 인간들처럼 거짓말을 할 줄 모르는 말 없는 피조물만 있을 거야. 말 없는 물고기만 있을 거야.

말없이. 그녀의 아이 역시 말없이, 죽은 채로 태어났다. "그렇게 된 게 잘 된 거야."라고 이모 마리아네는 말했다. 그래, 그래, 그게 정말 잘 된 거야. 하지만 삶은 너무 아름다워. 일 년 전 오늘엔. 그렇다, 만약 아이가 살았다면 어머니인 그녀 역시 살았을 것이다. 그런데 아니다. 아이가 죽었고, 인생이 죽었다.

밤의 정적 속으로 갑자기 사람들의 깊은 목에서부터 울리는 노래가 들렸다. 남자들이 합창하는 옛 노래였다. 대학생들이었다. 대학생들은 모두 저런가? 아냐. 반츨은 저렇지 않았어. 그는 한 번도 제대로 된 대학생이 아니었어. 아, 그를 제대로 알아봤어야 했는데. 반츨은 비겁자, 사기꾼, 가짜 도덕군자였어. 아, 정말로 그가 밉다.

노랫소리는 점점 더 가까이 다가왔다. 발소리가 똑똑히 들렸다.

안톤의 '동아리' 회원들이 여름 축제에서 돌아오고 있었다. 한창 삼십 대인 크산들 후머 씨는 18번째 학기를 재학 중인 법학도로 별명이 "술통"이었다. 술을 적잖이 마셨지만 그래도 그는 여전히 팔을 힘차게 내두르고 있었다. 그러다가 작은 그의 눈동자가 멀리 강가에 있는 여자의 모습을 보고 확대되었다. "잠깐! 형제들, 한 생명을 구해야 해."라고 그가 말했다.

"아가씨." 그가 소리쳤다. "잠깐 기다려요. 곧 갑니다." 부어오른 크산들의 붉은 얼굴을 미치 쉬나글은 흐릿하게 보았다. 갑작스러운 생각이 그녀의 뇌리를 스쳤다. 혹시, 만약에… 그래, 좋아, 그녀는 복수하고 싶었다. 세상에다, 사회에다 복수하고 싶었다.

미치 쉬나글은 웃음을 터트렸다. 요란하고 날카로운 웃음이었다. 여자는 이렇게 웃는 거야, 라고 그녀는 생각했다. 그녀는 다시 한 번 강물을 내려다보았다. 그리고는 허공 속으로 세상을 응시했다.

대학생의 거친 농담을 그녀는 듣지 못했다. 그가 그녀의 팔을 잡았다. 의기양양하게 그녀는 크산들의 '골방'으로 따라갔다.

다음 날 아침 그녀는 '술통'을 병원 근처 바스라바 야니치 이모네 '하숙'으로 데리고 갔다.

안톤 반츨 씨는 젊은 아내와 함께 신혼여행에서 돌아왔다. 그는 성실하고 엄격하며 훌륭한 교사였다. 윗사람들 눈에 들어 상층 사회에서 한자리를 했고, 학술 연구도 진행했다. 월급은 계속 올랐고 그는 차곡차곡 올라갔다. 운 좋게도 부모는 그의 결혼 직후 두 사람 모두 세상을 떠났다. 안톤 반츨은 고향에서 모든 사람 경탄의 대상이 되었다.

노년의 어느 교장이 작은 김나지움을 운영하고 있었는데, 게으르고 처자식이 없는 독신 교장은 과거에 묻혀 살면서 자신의 의무에는 관심이 없었다. 그는 업무도 좋아하지 않았다. 그는 옆에 웃는 젊은 얼굴이 필요했고, 넓은 정원에 있는 그의 나무들도 사람의 손길이 필요했다. 그런데도 그는 시민들한테서 존경심에 가득한 인사만 받으려 했다. 상부의 주(洲) 교육청에서는 노인을 동정하면서 그의 죽음만을 기다리고 있었다.

안톤 반츨이 와서 학교의 운영을 장악했다. 최고참이기 때문에 그는 비서가 되어 교육청에 보고서를 쓰고 운영비를 수령하고 수업과 보수(補修)를 감독하고 질서를 잡았다. 시시때때로 그는 빈으로 가서 전보다는 뜸해졌지만, 장모가 주관하는 저녁 모임에 참석하고 주 정부의 요인들에게 구두 보고도 했다. 그렇게 하면서 자신의 활동을 확실하게 백일하에 드러냈고 교장에 관해서는 유감스러운 저음의 목소리로 말하면서 어깨를 의미심장하게 으쓱거렸다. 나머지는 세실리에 크라이트마일 부인이 알아서 했다.

어느 날 노 교장이 비서인 반츨 박사와 함께 김나지움의 아름다운 정원을 산책 중이었다. 노인은 나무들을 쳐다보며 즐거워했는데 여기저기서 활기찬 소년들의 얼굴이 나타났다가 사라졌다. 노 교장 선생님의 노쇠한 심장은 기쁨에 넘쳤다.

그때 사환이 길에 나타나 인사를 하고, 커다란 편지를 내밀었다. 교장 선생님은 조심스럽게 커다란 흰 봉투를 열어서 커다란 직무 도장이 찍힌 편지를 꺼내 읽기 시작했다. 갑자기 늙고 축 늘어진 그의 얼굴에 놀란 표정이 나타났다. 그는 심장을 붙잡으려는 듯 허둥대다가 휘청거리며 쓰러졌다. 몇 시간 후 그는 비서의 팔에 안겨 세상을 떠났다.

안톤 반츨 박사 교장은 일이 잘 풀렸다. 그의 명예욕은 수년 전부터 중단 상태였다. 때로 대학교수 자리를 생각해보았다. 가능한 자리였지만 그는 그 일을 덮었다. 그는 극히 만족스러웠다. 사람들하고 더욱 그랬다. 때로 그는 마음속 깊은 한 구석에서 세상의 가벼움에 대해 웃었다. 하지만 그의 창백한 입술은 닫혀 있었다. 사방의 벽 속에 혼자 앉아 있을 때도 그는 웃지 않았다. 벽이 귀뿐 아니라 눈도 가지고 있어서 폭로하지 않을까 그는 두려웠다.

아이가 없었지만, 그는 아쉬워하지 않았다. 집에서는 주인이었고 아내는 경탄하는 마음으로 그를 올려다보았고 학생들은 그를 존경했다. 그는 몇 년째 빈에 가지 않았다. 그곳은 과거에 극도로 운명적인 일이 벌어진 곳이었다. 한번은 아내와 함께 오페라를 보고 돌아오는 중에 모퉁이에서 말끔한 차림새의 여자와 마주쳤다. 그녀가 라비니아 부인을 옆에서 쳐다보며 요란하게 소리 내어 웃었다. 그 거친 웃음은 오랫동안 안톤 반츨 씨의 귓가에 남아있었다.

반츨 교장은 오래도록 아내와 함께 행복하게 살았다. 하지만 과도하게 긴장한 그의 힘은 서서히 무너지기 시작했다. 초긴장한 몸이 복수했다. 강한 의지력으로 누르고 있던 약점이 갑자기 폭발했다. 심한 폐렴으로 어느 날 안톤 반츨은 아파서 누웠는데 극복하지 못했다. 심한 고통으로 몇 주일을 버티다가 안톤 반츨은 죽었다.

학생들이 모두 왔고, 시민들도 전부 왔다. 검은 리본이 달린 화환이 관을 덮었고, 연설이 이어지고 고별사가 뒤를 이었다.

안톤 반츨 씨는 금속 재질의 검은 관 깊숙한 곳에 누운 채 웃고 있었다. 안톤 반츨은 처음으로 웃었다. 그는 사람들이 쉽게 믿는 것에, 세상의 어리석음에 대해 웃었다. 거기서는 웃을 수 있었다. 검은 관의 벽은 비밀을 누설할 수 없다. 그래서 안톤 반츨은 웃었다. 크게 마음껏 웃었다.

학생들은 존경하고 사랑하는 교장 선생님 곁에 끝내 대리석 묘비를 세우고자 했다. 묘비에는 고인의 이름 아래 다음과 같은 구절이 적혀 있었다.

"항상 성실하고 정직하라
차가운 너의 무덤에까지"

바르바라

그녀의 이름은 바르바라였다. 이름에서 고된 노동이 연상되지 않는가? 그녀는 한 번도 젊은 적이 없는 그런 얼굴이었다. 나이가 얼마나 되는지 알 수가 없었다. 풍파에 찌든 나이는 흰 베개에 묻혀 있었는데, 베개의 누리끼리한 사암(砂岩) 색깔로만 어느 정도 추측이 가능했다. 회색빛 눈은 지저분한 베개 속에서 길 잃은 새처럼 쉬지 않고 움직였는데, 그 눈으로 그녀는 가끔 시선을 멈추고 흰 천정의 거무스레한 얼룩, 움푹 꺼진 곳, 쉬고 있는 파리를 응시했다. 그러다가 바르바라는 자신의 삶을 돌이켜보았다.

어머니가 세상을 떠났을 때 바르바라는 열 살이었다. 아버지는 넉넉한 장사꾼이었지만 노름을 시작했고 조금씩 돈과 가게를 잃었다. 그런데도 계속 술집에 앉아 노름을 계속했다. 아버지는 키가 크고 말랐는데, 양손을 경련하듯이 바지 주머니에 넣고 있었다. 남은 돈을 움켜쥐고 있는 것인지, 아니면 그의 주머니를 털어 안에 무엇이 들었는지 비었는지 남들이 확인하지 못하도록 그러고 있는 것인지, 알 수가 없었다. 그는 사람들을 놀라게 하는 것을 좋아했고, 다 잃고 나서도 남들이 아연실색하는데도 언제나 다른 물건, 반지나 장신구를 꺼내놓고 노름을 계속했다. 그러다가 어느 날 갑작스럽게 마치 세상을 놀라게 하려는 듯 아무런 예고 없이 세상을 떠났다. 그는 마치 빈 자루처럼 바닥에 쓰러져 죽었다. 양손은 그대로 주머니에 넣은 채였기 때문에 사람들이 손을 꺼내느라고 애를 먹었다. 그제야 사람들은 그의 주머니가 텅 비었다는 것을, 다시는 노름을 할 수 없기 때문에, 단지 그런 이유로 그가 죽었다는 것을 알게 되었다….

바르바라는 16살이었다. 그녀는 삼촌한테 갔는데, 돼지 상인인 뚱뚱한 삼촌은 두 손이 "잠시 휴식" 또는 "30분간 수면"이라고 수놓은, 점포 곳곳에 널린 작은 쿠션하고 비슷했다. 삼촌이 그녀의 뺨을 쓰다듬었는데 새끼 돼지 다섯 마리가 얼굴 위로 기어가는 기분이었다. 숙모는 키가 크고 마른, 마치 피아노 선생처럼 깡마른 여자였다. 희번덕거리는 큰 눈을 하고 있어서, 동굴처럼 깊숙한 두 눈이 마치 얼굴에 가만히 붙어 있지 않고 끝없이 나돌아 다니려고 하는 것처럼 보였다.

그 눈은 연초록인데, 저질의 싸구려 술잔과 비슷한 녹색이었다. 그 눈으로 숙모는 집안과 그녀가 주무르는 돼지 상인의 마음속에서 일어나는 모든 일을 감시했다. 그녀는 바르바라를 '될 수 있는 대로 좋게' 다루었지만, 항상 좋게는 아니었다. 바르바라는 아무것도 깨트리지 않으려고 굉장히 주의해야 했다. 왜냐하면 숙모의 녹색 눈이 무서운 파도처럼 다가와 바르바라의 뜨거운 머리 위를 차갑게 쓸어내리는 까닭이었다.

바르바라가 스무 살이 되자 삼촌은 그녀를 친구이자 단단한 골격을 한 목수 장인과 약혼시켰다. 약혼자는 대패처럼 무겁고 못이 박힌 엄청 큰 손이 있었다. 약혼식에서 그가 그녀의 손을 으스러지게 잡아 소리가 날 정도였다. 바르바라는 힘없는 손가락 한 다발을 간신히 그의 강력한 손아귀에서 빼낼 수 있었다. 그러자 그가 그녀의 입에 강한 키스를 보냈다. 그것으로 그들의 약혼식은 끝났다.

뒤를 이은 결혼식은 관습대로, 원칙에 따라 흰 드레스와 미르테[10] 화환, 짧고 기름진 목사의 연설과 돼지 상인의 천식 섞인 건배로 진행되었다. 행복한 목수 장인은 고급 유리잔 두 개를 깨트렸고, 돼지 상인 아내의 눈은 마치 그가 옷을 안 입

10 은매화(銀梅花), 서양에서 주로 신부의 화환에 쓰인다.

고 있는 것처럼 그의 건장한 골격을 훑어보았다. 바르바라는 친구의 결혼식에 와 있는 것처럼 앉아 있었다. 그녀는 결혼한다는 것을 전혀 이해할 수가 없었다. 하지만 곧 그것을 이해하게 되었다. 아이의 엄마가 되자 그녀는 매일 작업장으로 식사를 날라다 주는 남편보다 아들한테 더 관심을 쏟았다. 힘센 주먹을 가진 낯선 남편은 그 외에는 그녀를 별로 귀찮게 하지 않았다. 그는 무쇠처럼 건강했고 항상 신선한 대팻밥 냄새를 풍겼으며 난로 곁의 의자처럼 조용했다. 그런데 어느 날 작업장에서 무거운 각목이 그의 머리에 떨어져 그 자리에서 죽고 말았다.

바르바라는 22살이었고 밉지 않았다. 장인의 아내였고, 장인이 되고자 하는 도제들이 있었다. 돼지 상인이 와서 위로하기 위해서 다섯 손가락으로 바르바라의 뺨을 어루만졌다. 그는 바르바라가 재혼하기를 바랐다. 하지만 그녀는 적당한 기회에 작업장을 팔아버리고, 집에서 일했다. 양말을 깁고 털목도리를 뜨개질해서 자신과 아이의 생활비를 벌었다.

그녀는 거의 아들에 대한 사랑으로 살아갔다. 아이는 건강한 소년으로 아버지한테서 건장한 골격을 물려받았다. 자주 소리를 지르고 온몸으로 발버둥을 쳤기 때문에 그걸 보는 바르바라는 아이가 수십개의 팔다리를 휘두르는 것 같았다. 아이는 밉게 생겼는데, 너무 건장해서 미워 보였다. 하지만 바르바라는 아들에게서 흉한 것을 조금도 보지 못했다. 그녀는 자랑스럽고 만족스러웠으며 아이의 착한 정신적, 내면적 성격을 이웃 여자들에게 칭찬했다. 아이를 위해 모자와 여러 빛깔의 리본을 만들었고, 일요일은 온종일 아이를 씻어주면서 보냈다. 시간이 흐르면서 그녀의 수입으로는 충분치 않아서, 다른 수입원을 찾지 않으면 안 되었다. 그러다가 집이 너무 크다는 사실을 알게 되었다. 그래서 대문 옆에다 우스꽝스럽고 형편없는 글씨로 '방을 세놓습니다'라는 쪽지를 내걸었는데 언제라도 종이가 딱딱한 길 위에 떨어져 찢길 것처럼 보였다. 그러자 세입자들이, 낯선 사람들이 집 안으로 찬바람을 들여오며 한동안 머무르다가, 다시 그들의 운명에 따라 다른 곳으로 빠져나갔다. 그러면 또 새 입주자가 나타났다.

그러던 어느 날 3월 말 지붕에 빗방울이 떨어지고 있는데, 그가 왔다. 이름이 페터 벤델린이고, 변호사의 서기이며 황금빛 갈색 눈에는 진실한 광채가 빛났다. 성가시게 구는 법 없이 그는 곧장 짐을 풀고 거주하기 시작했다.

그는 4월에도 계속 그 집에 살았다. 새벽에 출근하고 저녁에 돌아왔다. 그런데 어느 날 한 발도 방에서 나오질 않았다. 방문이 닫혀 있었다. 바르바라가 노크를 하고 방으로 들어가 보니 벤델린 씨가 누워있었다. 병이 난 것이다. 바르바라가 따뜻한 우유 한잔을 가져다주었는데 그의 황금빛 갈색 눈이 따스하고 환하게 빛났다.

시간이 흘러감에 따라 두 사람 사이에는 일종의 신뢰가 쌓였다. 마르지 않는 주제는 바르바라의 아이였다. 하지만 물론 다른 여러 가지 이야기도 나누었다. 날씨와 여러 가지 사건에 관해서였다. 하지만 일상적인 이야기 뒤에 무엇인가 숨어 있는 것 같았고, 일상적인 말들은 단지 비일상적인 것, 아름다운 어떤 것의 껍질 같았다.

오래전에 다 나아서 출근 할 수 있는데도 개인적인 즐거움으로 벤델린 씨는 필요한 것보다 더 오래 누워있었다. 드디어 그는 일어나지 않으면 안 되었다. 그날은 포근하고 화창한 날이었다. 근처에 작은 공원 같은 곳이 있었다. 회색빛 담 사이에 있는, 먼지 쌓이고 썰렁한 공간이었지만 나무들은 녹색으로 물들어 가고 있었다. 주위에 있는 집들을 잠깐만 잊는다면 잠시나마 아름다운 진짜 공원에 앉아 있다는 생각이 들 정도였다. 바르바라는 종종 이 공원에 아이와 함께 갔다. 벤델린 씨도 함께 갔다. 어느 날 오후였는데 신선한 태양이 먼지 쌓인 벤치를 비추고 있었고, 그들은 이야기하고 있었다. 하지만 모든 말은 순전히 껍질일 뿐이어서, 껍질이 벗겨지면 삭막한 침묵만이 두 사람을 감쌌고 고요함 가운데 봄이 전율하고 있었다.

그런데 한번은 바르바라가 벤델린 씨에게 부탁할 일이 있었다. 천장에 매달린 낡은 등의 고리를 조금 고치는 일이었는데, 벤델린 씨가 삐걱거리는 탁자 위에 의자를 올려놓고 위험한 의자 위로 올라갔다. 바르바라는 아래에 서서 탁자를 잡고 있었다. 일이 끝나고 벤델린 씨가 잠깐 바르바라의 어깨 위로 넘어질 뻔했지만 얼른 균형을 잡았다. 그는 바닥으로 떨어졌고 발아래 단단한 바닥이 있는데도 계속 그녀의 어깨를 움켜쥔 상태였다. 어떻게 된 것인지 어리둥절해서 두 사람은 꼿꼿이 선 채로 꼼작도 하지 않고 서로 바라보기만 했다. 몇 초 동안 그들은 그렇게 서 있었다. 무슨 말을 하고 싶었지만, 목이 막혀 한마디도 나오지 않았다. 마치 소리를 지르고 싶은데 소리가 나오지 않는 꿈을 꾸는 것 같았다. 두 사람은 창백했다. 드디어 벤델린이 정신을 차렸다. 그가 바르바라의 손을 잡고 "자기"라고 내뱉었다. "네에"라고 그녀가 대답했는데, 두 사람은 가면을 쓴 채 나란히 걷다가 처음으로 가면을 벗고 서로를 알아본 기분이었다.

이제 두 사람에게 구원이 나타난 것 같았다. "정말입니까? 바르바라, 자기?" 벤델린이 말을 더듬었다. 그녀가 "네"라고 말하기 위해서 입을 열었는데, 그때 갑자기 의자에 앉아 있던 어린 필립이 요란한 소리와 함께 슬픈 비명을 질렀다. 벤델린을 그 자리에 세워둔 채 바르바라가 달려가 아이를 진정시켰다. 벤델린이 그녀를 따라갔다. 아이가 진정해서 훌쩍거리는 소리가 방 안에서 잦아들자 벤델린이 "내일 얘기하죠. 안녕히 주무십시오."라고 말했다. 그가 모자를 집어 들고 나갔는데, 문가에 서서 다시 한 번 바르바라를 바라볼 때 그의 주변은 마치 햇살처럼 빛났다.

혼자가 되자 바르바라는 큰 소리로 울음을 터트렸다. 눈물이 마음을 가볍게 만들었는데, 따스한 가슴이 눈물로 가득한 것 같았다. 어쩔 수 없는 연민으로 그녀는 스스로를 위로했다. 한동안 안정이 되지 않았고, 마치 자신이 숲속에서 길을 잃은 채 한참토록 집으로 돌아가지 못하는 어린아이 같았다.

집으로 돌아오게 되기까지 그녀는 오래도록 인생의 숲에서 방황했다. 어둠이 방의 모서리에서부터 밀려와 모든 대상을 하나씩 베일로 내리덮었다. 길에도 어둠이 깔려 별 하나가 창 안으로 빛을 던졌다. 아이는 낡은 안락의자에서 잠이 들었다. 아이가 잠을 자다가 갑자기 움직이는 바람에 바르바라는 정신이 들었다. 불을 켜고 그녀는 아이를 안아서 침대에 눕히고 탁자 앞에 앉았다. 정신이 들 정도로 환한 등잔 불빛을 보며 그녀는 명확하게, 조용히 생각했다. 바르바라는 모든 것을 곰곰이 생각해보았다. 지금까지의 삶을 되돌아보고 어머니, 절망적으로 바닥에 쓰러진 아버지, 뚱한 목수였던 남편, 삼촌을 생각해보았으며 삼촌의 다섯 마리 돼지를 다시 한 번 생생하게 실감했다.

하지만 선량한 눈에다 황금빛 광채를 담은 페터 벤델린이 자꾸만 어른거렸다. 물론 내일 "네"라고 대답하고 싶었다. 그 선량한 사람이 정말 좋았다. 대체 왜 오늘 "네"라고 대답하지 않았을까? 그래. 아이 때문이야. 갑자기 원망 같은 것이 마음속에서 솟구치는 것 같았다. 하지만 1초도 되지 않아 곧 자신이 아이를 살해한 것 같은 기분이 들었다. 아이한테 나쁜 일이 일어나지 않았는지 확인하기 위해서 그녀는 허겁지겁 침대로 가 보았다. 아이한테 몸을 숙여 키스하고, 그녀는 절망적인 눈길로 용서를 구했다. 이제는 만사가 완전히 달라져야 한다고 생각했다. 그런데 아이는 어떻게 한단 말인가? 낯선 아버지가 생기는 건데, 그가 아이한테 잘해 줄까? 그리고 나한테는, 나한테는 어떨까? 아이들을 또 낳으면 내가 그 아이들을 더 사랑하게 될지도 몰라…. 정말 그렇게 될까? 더 사랑하게 될까? 아냐, 나는 이 아이한테, 이 불쌍한 어린애한테 마음이 변하지 않아. 갑자기 그녀는 자신이 내일 이 힘없는 아이를 놔두고 다른 세상으로 가버리는 기분이었다. 아이를 그대로 두고… 아니야, 난 여기 그냥 있을 거고 다 괜찮을 거야, 라고 그녀는 스스로를 위로했다. 하지만 자꾸 의구심이 들었다. 그녀는 알 수 있었다. 그래, 아이가 얼마나 불쌍하게 될지 뻔한 일이야. 그래도 그녀는 낯선 남자에게 가고 싶었다. 그가 전혀 낯설지 않았다.

갑자기 아이가 자다 말고 큰 소리로 불렀다. "엄마, 엄마"라고 아이가 웅얼거렸다. 그녀가 몸을 숙이자 아이가 작은 양손을 엄마에게 내밀었다. 엄마, 엄마! 마치 구해 달라는 외침처럼 들렸다.

내 아이! 엄마가 떠나려 하기 때문에 아이는 울고 있었다. 안 돼! 안 돼! 난 영원히 아이와 함께 있을 거야.

갑자기 그녀의 결정이 끝났다. 그녀는 서랍에서 연필과 종이를 꺼내서 힘들게 비뚤비뚤 글씨를 썼다. 격양되지 않고 완전히 평화로웠다. 될 수 있는 대로 글씨를 예쁘게 쓰려고 신경을 쓸 정도였다. 편지를 손에 들고 그녀는 다시 한 번 훑어보았다.

"안 되겠어요. 아이 때문에 안 돼요." 그녀는 종이를 봉투에 넣어 그의 방문 앞에서 바닥으로 밀어 넣었다. 아침이면 그가 편지를 발견할 것이다.

돌아와서 불을 껐지만, 그녀는 잠을 이룰 수 없었다. 밤새도록 그녀는 창밖을 내다보았다.

다음 날 페터 벤델린이 이사를 나갔다. 마치 짐 전체를 손수 끌고 나가는 사람처럼 그는 지치고 힘이 빠져 있었고, 갈색 눈에는 광채가 사라졌다. 바르바라는 온종일 자기 방에서 나오지 않았다. 하지만 페터 벤델린은 떠나기 전에 마지막으로 들꽃 한 다발을 들고 와서 말없이 바르바라의 탁자 위에 놓았다. 그녀는 울음을 멈추고 그에게 이별의 손을 내밀면서 몸을 약간 떨었다. 벤델린은 다시 한 번 방을 둘러보고, 눈에 다시 황금빛 광채를 담고 돌아와 떠났다. 밖의 작은 정원에는 지빠귀가 노래했고, 바르바라는 조용히 앉아서 귀를 기울였다. 대문 밖에는 다시 세를 놓는다는 쪽지가 봄바람에 흔들렸다.

세입자들이 오고 갔고, 세월이 흘러갔다. 필립은 자라서 학교에 다니게 되었다. 아이는 좋은 성적을 집으로 가져왔고 바르바라는 아이가 자랑스러웠다. 그녀는 아들이 무언가 특출한 사람이 될 것으로 생각했고, 아이를 대학에 보내기 위해서 무슨 일이든 할 생각이었다. 일 년 후에는 수공업자가 될지 아니면 김나지움에 진학할 것인지 결정해야 했다. 바르바라는 아들을 더 높게 출세시키고 싶었다. 어떤 희생을 해도 괜찮았다.

종종 그녀는 페터 벤델린 생각을 했다. 잊어버리고 문에 꽂아 놓고 간 그의 색 바랜 명함과 이별할 때 그가 준 꽃을 그녀는 기도서에 조심스럽게 간직하고 있었다. 자주 기도를 하지는 않지만, 일요일이면 명함과 꽃이 들어있는 기도서를 펴고 그녀는 한참 동안 추억에 잠겼다.

작업장을 매매해서 가지고 있던 얼마 안 되는 재산은 수입이 충분치 않아서 줄어들기 시작했다. 계속 그렇게 지낼 수는 없기 때문에 그녀는 돈을 벌만 한 새로운 가능성을 알아보았다. 그녀는 세탁부가 되었다. 새벽에 나가서 점심시간이면 더러운 빨래 한 보따리를 질질 끌면서 집으로 돌아왔다. 하루의 반을 빨래장에서 일하면서 서 있는데, 마치 더러운 김이 얼굴에 달라붙는 기분이었다.

그녀의 피부는 핏기 없는 사암(砂巖) 색깔이 되었고 눈 주변에는 머리카락처럼 가느다란 촘촘한 주름이 생겼다. 두 손은 트고 손가락 끝의 피부는 뜨거운 물 때문에 쭈글쭈글해졌다. 빨래 짐이 없을 때도 그녀는 구부리고 걸었다. 노동이 그녀의 등을 휘게 했다. 그래도 아들을 쳐다볼 때면 씁쓰레한 입가에 미소가 나타났다.

다행히도 그녀는 아들을 김나지움으로 보냈다. 공부가 쉽지 않았지만, 그는 한번 들으면 전부 다 기억했고, 교사들은 만족스러워했다. 아들이 가져오는 성적은 하나같이 바르바라에게 행복이었고, 그녀는 아들에게 작은 즐거움을 챙겨 주는 것을 잊지 않았다. 예컨대 많은 희생을 치르면서도 특별한 여행 같은 것을 마련해주었다. 이 모든 것을 필립은 알지 못했다. 그는 무딘 성격이었다. 눈물을 흘린 적이 거의 없고 목표를 향해 뚜벅뚜벅 나아갔으며, 참나무 장작 나르는 것 같은 육체노동은 숙제 핑계를 댔다. 그는 아버지의 아들이었고, 어머니를 이해하지 못했다. 어머니가 일하는 것을 보았지만 당연한 것으로 생각했고, 어머니 마음속에 들어있는 고통을, 그리고 어머니가 그에게 주는 온갖 희생 속에 담긴 고통을 읽을 수 있는 섬세함을 갖지 못했다.

더러운 빨래의 김 속에서 세월은 이렇게 흘러갔다. 서서히 바르바라의 마음속에 냉담함이, 무딘 피로감 같은 것이 밀려왔다. 그녀의 가슴에는 잔잔한 기쁨 몇 개밖에 남아있지 않았는데, 그것은 벤델린의 추억과 필립의 성적표뿐이었다. 건강은 눈에 띄게 나빠져서 때로는 일을 멈추지 않으면 안 되었다. 등이 제일 아팠다. 하지만 그녀의 입에서는 한마디 탄식도 없었다. 혹시 탄식한다 해도 필립의 무딘 마음은 그걸 알아차리지 못했을 것이다.

그는 이제 직업을 생각할 때가 되었다. 공부를 더 계속하기에는 돈이, 괜찮은 자리를 구하기에는 지원이 부족했다. 필립은 특별히 좋아하는 직업이 없었고, 도대체 좋아하는 게 없었다. 그에게 제일 편한 것은 신학이었다. 세미나부터 시작할 수 있고, 편하고 독립적인 생활이 약속되어 있었다. 그래서 김나지움이 끝나자 그는 신학의 수도복을 입었다. 얼마 안 되는 재산을 조그만 목제 상자에 넣고 그는 미래를 기약하는 좁은 방으로 이사했다.

아들은 편지를 자주 하지 않았고, 편지는 대팻밥처럼 건조했다. 바르바라는 아들의 편지를 힘들여서, 기도하는 마음으로 읽었다. 더 자주 교회에 가기 시작했는데, 종교적 갈망 때문이 아니라 사제를 바라보면서 생각 속에서 연단에 서 있는 아들을 보기 위해서였다. 계속 일을 많이 하는데도 항상 쪼들렸다, 마치 태엽이 감겨있어서 톱니바퀴가 돌아가고 있는 한 멈출 수 없는 시계 같았다. 하지만 그녀는 눈에 띄게 내리막길을 걷고 있었다. 자주 자리를 펴고 눕더니, 며칠 동안 일어나지 못했다. 등에 심한 통증이 있었고 마른기침은 앙상한 그녀의 몸을 뒤흔들었다. 드디어 어느 날 열이 오르더니 그녀는 완전히 절망적인 상태가 되었다.

그녀는 1, 2주를 누워있었다. 이웃 여자가 와서 도움을 주었다. 결국 그녀는 필립에게 편지를 쓰기로 했다. 편지를 쓸 수가 없어서 바르바라는 받아 적도록 했다. 부치러 가는 사람한테 편지를 내주기 전에 그녀는 편지에 키스를 했다. 일주일 후에 필립이 왔다. 그는 건강했지만 힘이 없었고 푸른 수도복에 묻혀 있었다. 머리에는 원통형 모자를 쓰고 있었다. 모자를 조용히 침대 위에 올려놓고 어머니의 손에 키스했는데, 조금도 놀라는 기색이 없었다. 그는 박사 과정 공부에 관해 이야기했고 박사 학위증을 보여주었는데, 비스듬하게 서 있는 모습이 마치 빳빳한 종이 두루마리처럼 보였고, 함석 통 같은 원통형 모자를 쓰고 수도복을 입고 있었다. 그가 학업에 관해 이야기하는데도 바르바라는 한마디도 알아들을 수 없었다.

몇 번 그는 스승들에게서 배운 기름진 콧소리로 말을 했는데, 그것은 자신의 요구에 기름칠하고 싶을 때였다. 교회 종이 울리기 시작하자 십자가를 긋고 기도서를 꺼내 명상에 잠긴 표정으로 그가 낮은 소리로 중얼거렸다.

바르바라는 누운 채 신음했다. 이 모든 것이 그녀의 생각과 너무 달랐다. 그녀는 보고 싶었다고 이야기하면서 죽기 전에 얼마나 아들을 다시 한 번 보고 싶었는지 말하기 시작했다. 아들은 단지 "죽음"이란 말만 듣고 내세에 관해, 독실한 사람들을 천국에서 기다리고 있는 보상에 관해 이야기하기 시작했다. 그의 목소리에는 괴로움을 찾아볼 수 없었고 자신에 대한 만족감, 그리고 죽어가는 어머니의 침상에서 자신이 배운 것을 보여줄 수 있는 것에 대한 기쁨뿐이었다.

아들에게 조금의 사랑이라도 일깨워주고 싶은 열망이 병든 바르바라에게 강렬하게 밀려왔다. 그녀는 지금이야말로 말할 수 있는, 자신이 말할 수 있는 마지막이라는 것을 느끼고, 정신을 차려 말할 수 있게 되자 천천히, 주저하면서 그녀 삶의 단 한 번뿐이었던 사랑에 관해, 그리고 자식을 위해 그 사랑을 희생한 것에 대해 이야기했다. 다 말하고 나자 그녀는 지쳐서 입을 다물었지만, 침묵 속에는 떨리는 기대감이 숨어 있었다. 하지만 아들은 그런 것을 이해하지 못했다. 그의 마음을 움직이지 못했다. 그는 멍하니 뻣뻣하게 서서 아무 말도 하지 않았다. 그러더니 슬그머니 하품하고, 잠시 나가서 좀 쉬고 오겠다고 말했다.

바르바라는 누운 채 아무것도 이해가 안 됐다. 깊은 슬픔과 잃어버린 삶에 대한 고통이 마음속을 휘저었다. 그는 페터 벤델린을 생각하면서 씁쓸하게 미소 지었다. 죽음의 순간 그의 황금빛 갈색 눈의 광채가 그녀를 다시 한 번 따스하게 해주었다. 그런 다음 심하게 기침 발작을 했다. 아들이 돌아왔을 때 그녀는 의식을 잃은 채 누워있었다. 돌아와서 어머니의 상태를 본 필립은 격렬하게 기도하기 시작했다. 그는 의사와 사제를 불러오게 했다. 두 사람이 왔다. 이웃 여자들이 울면서 방을 가득 채웠다. 그러는 동안 바르바라는 이해받지도, 이해하지도 못한 채 비틀거리며 영원으로 들어갔다.

역장 팔메라이어

1

오스트리아의 역장인 팔메라이어의 기이한 운명은 의심의 여지없이 기록해서 남길 만하다. 그의 생애로 말하자면 전혀 화려하지 않고 결코 만족스러운 것도 아니었는데, 그는 그런 생애조차 어처구니없이 잃어버리고 말았다. 아무리 찾아보아도 팔메라이어 같은 기이한 운명은 어디서도 찾아볼 수 없다. 그런 운명이 그에게 다가와 그를 덮쳤다. 어느 정도는 그 자신 기꺼이 거기에 몸을 내맡겼다고 볼 수 있다.

그는 1908년부터 역장으로 일했다. 빈에서 두 시간 거리도 채 안 되는 남부선의 L 역에서 일을 시작하자마자 건강하지만 약간 답답한 여자와 결혼을 했는데, 그녀는 브륀 궁내성 참사의 딸로 적지 않은 나이였다. 이른바 타산적인 결혼이 관례였던 그 시절에 '연애 결혼'을 한 것이다. 팔메라이어의 부모는 세상을 떠났다. 그는 결혼할 때 이성적 판단이 아니라 억제할 수 없는 마음의 억제할 수 없는 충동을 따랐다. 그에게는 아이가 둘이 있었는데, 딸 쌍둥이였다. 그는 아들을 기대했다. 본능적으로 아들을 기다렸지만 한꺼번에 딸 둘이 태어나자 신의 기만이라고까지 생각하지는 않았지만, 엄청나게 놀랐다. 하지만 그는 물질적으로 부족함이 없었고 연금도 보장되어 있어서 아이들이 태어난 지 석 달도 되지 않아 자연에 순응하고 아이들을 귀여워하기 시작했다. 귀여워했다는 것은 아버지로, 건실한 공무원의 전통적이고 시민적인 양심으로 아이들을 돌보았다는 의미이다.

1914년 3월 어느 날, 아담 팔메라이어는 여느 때처럼 사무실에 앉아 있었다. 전보기가 끊임없이 똑딱거렸다. 그리고 밖에는 비가 내렸다. 철 이른 비였다. 일주일 전만 해도 삽으로 선로에 쌓인 눈을 치워야 했고, 기차는 엄청나게 연착하거나 연발했다. 그러던 어느 날 밤에 갑자기 비가 내리기 시작하였다. 눈이 사라졌다. 이 작은 역 건너편 저 멀리에서 반짝이는 알프스의 눈 덮인 산봉우리는 겨울의 영원한 위력을 약속하는 듯했지만 며칠 전부터는 말할 수 없는, 뭐라고 할 수 없는 회색빛을 띤 푸른 안개에 휩싸여 구름, 하늘, 비와 산이 하나가 되었다. 비가 내리고 있었고 공기는 포근했다. 역장 팔메라이어는 그렇게 일찍 찾아온 봄을 경험한 적이 없었다. 그가 근무하는 작은 역은 남쪽으로 메라노[11]나 트리에스테, 이탈리아로 가는 급행열차가 정차한 적이 한 번도 없었다. 하루에 두 번씩 플랫폼으로 나가서 반짝이는 빨간 모자로 인사하는 팔메라이어 곁으로 급행열차들이 쏜살같이 지나가 버렸다. 그 기차들은 역장을 선로지기 정도로 무시했다. 큼직한 창문으로 보이는 승객들의 얼굴은 마치 허연 죽처럼 스쳐지나갔다. 역장 팔메라이어는 남쪽으로 향하는 어떤 승객의 얼굴도 제대로 볼 수가 없었다. '남쪽'이란 역장에게는 지리적인 의미 이상의 것이었다. '남쪽'은 바다, 태양과 자유와 행복의 바다였다.

전 가족용 무료승차권은 물론 남부선에서 더 직위가 높은 공무원의 것이었다. 쌍둥이가 세 살이 되었을 때 그는 아이들과 함께 보첸으로 여행을 갔다. 보통열차로 한 시간 달려서 그 대단한 급행열차의 역까지 가서 기차를 타고 내렸지만, '남쪽'은 거기서도 한참 먼 곳에 있었다. 휴가는 4주였다. 그는 온 세상의 부유한 사람들을 보게 되었는데, 만나본 그 사람들은 우연히 부유한 사람들인 것 같았다. 그들은 휴가를 보내는 것이 아니었다. 그들의 삶이 온통 휴가였다. 아무리 둘러보아도 부자들한테 쌍둥이는, 특히 딸 쌍둥이는 없었다. 그리

11 이탈리아 북동부의 관광도시.

고 부자들은 남쪽을 더 남쪽으로 연장하고 있었다. 남부선의 공무원은 영원히 북쪽 한가운데 살고 있었다.

돌아와서 그는 근무를 다시 시작했다. 전신기가 끊임없이 똑딱거렸다. 그리고 비가 내렸다.

팔베라이어는 책상에서 고개를 들었다. 오후 5시였다. 해는 아직 지지 않았지만 어두워지기 시작하였다. 비 때문이었다. 전신기가 끊임없이 똑딱이고 유리로 된 플랫폼의 처마 위로 빗방울이 쉴 새 없이 소리를 내며 떨어지고 있었다. 기술과 자연의 즐겁고 끊임없는 대화였다. 유리지붕 아래의 플랫폼 바닥은 젖지 않았다. 하지만 선로는, 그리고 두 줄 선로 사이의 작은 자갈은 어둠 속에서도 촉촉한 비의 마술에 젖어 반짝이고 있었다.

역장 팔메라이어는 감상적인 성격은 아니지만 그래도 마음으로 그날이 어떤 운명의 날 같았다. 그렇게 창문으로 내다보고 있는데 정말로 몸이 떨리기 시작했다. 그는 36분 뒤에 지나가는 메라노 행 특급열차를 기다리고 있었다. 팔메라이어는 36분 후에는 완벽하게 밤이, 무시무시한 밤이 될 것으로 생각했다. 그의 사무실 위 2층에서는 여느 때처럼 쌍둥이들이 법석하고 있었다. 총총걸음으로 걷는 어린아이의, 꽤 힘찬 아이들의 발소리를 그는 듣고 있었다. 그는 창문을 열었다. 춥지 않았다. 봄이 산 위까지 올라온 것이다. 그때 여느 때처럼 선로를 바꾸는 기관차의 기적이 들렸고 철도원들의 외침과 이어지는 객차의 둔탁한 연결 소리가 들렸다. 오늘은 기관차가 별난 기적소리를 내는 것 같았지만 팔메라이어는 아주 평범한 사람이었다. 그에게는 이상한 것이 하나도 없었고, 평범해서 결코 놀랄 것 없는 그 소리에서 어떤 불길한 운명의 불길한 목소리도 그날 전혀 듣지 못했다. 그러나 실제로는 끔찍한 참변이 그날 일어났고, 그 결과 아담 팔메라이어의 생애는 완전히 뒤바뀌게 되었다.

2

급행열차는 B 역에서 이미 좀 늦어진다는 소식을 보내왔다. 기차는 L 역을 통과하기 2분 전에 잘못 조작된 선로전환기 때문에 대기 중인 화물열차와 충돌했다. 대참사가 일어났다.

역장 팔메라이어는 플랫폼 어딘가에서 별로 쓸모 없는 각등(角燈)을 서둘러 집어 들고서, 선로를 따라 사고 지점으로 달려갔다. 그는 어떤 대상이라도 붙잡아야 할 필요를 느꼈다. 전혀 아무런 도구도 갖지 않은 빈손으로 사고에 대처하는 것은 불가능한 것으로 여겨졌다. 외투도 입지 않은 채 그는 계속 내려치는 빗줄기를 목덜미와 어깨에 느끼면서 10분을 달려갔다.

사고 현장에 도착해보니 사망자와 부상자, 깔린 사람들을 사람들이 꺼내기 시작하고 있었다. 빠르게 어두워지더니 금방 밤이 되었고, 공포가 깃들기 시작해 더욱 심해졌다. 마을에서 소방대가 왔고, 횃불은 계속 탁탁거리며 타면서 빗줄기를 견디고 있었다. 객차 13량이 선로에 쓰러져 있었다. 기관사와 화부는 사망해서 이미 들어서 내놓은 상태였다. 선택의 여지가 없는 도구를 들고 역원과 소방대원과 행인들이 사고 현장에서 작업하고 있었다. 부상자들은 비명을 질렀고 비는 요란하게 쏟아지는데 횃불은 따닥따닥 소리를 냈다. 역장은 비에 젖어 떨었다. 치아가 덜덜 떨렸다. 다른 사람들처럼 무엇이든 해야 한다고 생각했다. 동시에 그는 자신이 이 불행에 책임이 있을지도 모르기 때문에 그가 돕는 것을 사람들이 꺼리지 않을까 걱정스러운 생각이 들었다. 작업에 몰두하는 중에도 팔메라이어는 그에게 얼핏 인사를 보내는 역원 이 사람 저 사람에게 힘없는 목소리로 명령일 수도 있고 용서를 비는 말일 수도 있는 무슨 말을 하려고 했다. 하지만 아무도 그의 말을 듣지 않았다. 그는 자신이 그토록 쓸모없는 존재로 여겨진 적이 일찍이 없었다. 그런데 목표 없이 둘러보던 그의 시선이 방금 들것에 안치해 놓은 어느 여성에게 멎었을 때 그는 자신이 희생자들 속에 들어있지 않은 것을 후회했다. 부인은 그녀를 구출한 사람들이 사라진 상황에서 그곳에 방치되어 있었다. 크고 검은 눈으로 근처에 있는 횃불 쪽을 바라보면서 그녀는 허리까지 닿는 은회색 모피에 싸인 채 몸을 움직이지 못하고 있었다. 그녀의 크고 창백하고 넓은 얼굴에 계속 빗줄기가 떨어졌고, 펄럭이는 횃불의 불빛이 그 위에 아른거렸다. 얼굴 자체가, 비에 젖은 은빛의 그 얼굴이 불빛과 어둠의 마술이 마술처럼 바뀌는 속에서 빛을 발하고 있었다. 길고 하얀 손이 모피 위에 놓여 있었는데 그녀와 마찬가지로 움직이지 않아 두구(具)의 희귀한 주검 같았다. 역장에게는 들것에 누워있는 부인이 소음과 잡음이 뒤섞인 바다 한가운데서 크고 하얀 고요한 섬에서 쉬고 있는 것같이, 게다가 그 고요함을 넓게 펼치고 있는 것으로 보였다. 서둘러 작업하는 모든 사람은 그녀의 들것 주변을 돌아가면서 반원을 그리고 있는 것 같았다. 이미 죽은 것일까? 이제 다시는 돌볼 필요가 없는 건가? 역장 팔메라이어는 천천히 들것으로 다가갔다.

부인은 살아있었다. 상처를 입지도 않았다. 팔메라이어가 그녀에게 몸을 굽혔을 때 그의 질문을 기다리지도 않고 — 그가 질문할까 봐 겁에 질린 듯이 — 그녀가 말을 했다. 아무것도 필요치 않다고, 혼자서 일어날 수 있다고 그녀가 말했다. 짐을 잃은 것은 유감이지만 얼마든지 혼자 일어날 수 있다고 말했다. 그러면서 일어나려고 했다. 팔메라이어가 그녀를 도왔다. 그는 왼손으로 모피를 잡고 오른손으로 부인의 어깨를 감싸 그녀가 일어날 때까지 기다렸다가 모피를 어깨에 덮어주고 팔에 모피를 올려놓았다. 두 사람은 한마디 말도 없이 선로와 자갈을 가로질러 몇 걸음 걸어서 근처에 있는 선로 전환수의 집으로 갔다. 비를 피해서 몇 계단을 올라가 환하고 따스한 곳으로 들어갔다.

"여기 잠시만 앉아 계십시오." 팔메라이어가 말했다.

"저는 밖에서 할 일이 있습니다. 곧 돌아오겠습니다."

그 순간 그는 자신이 거짓말을 했다는 것을, 난생처음 거짓말을 했다는 사실을 깨달았다. 하지만 거짓말을 하지 않을 수 없었다. 비록 이 시간에 부인 곁에 머무는 것보다 더 바랄 것이 없지만, 수천 명이 밖에서 도우며 구조하기에 바쁜 상황인데 그녀의 눈에 자신이 아무것도 할 일이 없는 쓸모없는 사람으로 비치는 것이 그는 두려웠다. 그래서 그는 서둘러 밖으로 나갔는데, 이제 자신도 놀랄 정도로 돕거나 구조하고, 여기서 어떤 일을 지시하고 저기서 어떤 충고를 할 용기와 힘이 생겼다. 그는 돕거나 구조에 참여하거나 무언가를 하는 내내 그 집에 있는 부인을 생각했다. 그녀를 나중에 다시 만날 수 없을지도 모른다는 예감이 두렵고 끔찍했지만 그래도 그는 참사 현장에서 일하면서 머물렀다. 너무 일찍 돌아가서 그 낯선 부인한테 쓸모없는 사람으로 보일 것이 두려웠던 것이다. 그녀의 시선이 그를 따르고 그를 북돋는 것 같아서 그는 하는 말이나 판단력에 즉시 자신감을 되찾아 신속하고 현명하며 용기 있는 조력자가 되었다.

두어 시간가량 일하는 동안 그는 줄곧 기다리고 있을 여인을 생각했다. 의사와 위생 요원이 부상자들에게 응급처치를 끝내자 팔메라이어는 전환수의 초소로 돌아가기로 작정했다. 그가 알고 있는 의사에게 그는 저쪽에도 참사의 희생자가 있다고 말했다. 그러면서 거의 무의식적으로 상처 난 자신의 손과 더러워진 제복을 살펴보았다. 그는 의사를 전환수의 처소로 데리고 갔는데, 그동안 자리에서 꼼짝도 하지 않은 것처럼 보이는 낯선 여자는 오랜 신뢰를 담은 명랑하고 자연스러운 미소를 보냈다.

"이 부인을 봐주십시오." 그가 의사에게 말했다. 그리고 그 자신은 문 쪽으로 돌아섰다.

그는 몇 분 동안 밖에서 기다렸다. 의사가 와서 말했다. "작은 쇼크일 뿐입니다. 다른 염려는 없습니다. 제일 좋은 방법은 당분간 여기 머무는 것입니다. 역장님 집에 거처할 만한 곳이 있나요?"

"그럼요. 있습니다." 팔메라이어가 대답했다. 두 사람은 함께 그녀를 역으로 데려와 층계를 올라 역장의 거처로 데려왔다.

"사나흘이면 완쾌될 것입니다." 의사가 말했다.

그 순간 팔메라이어는 훨씬 더 여러 날이 걸리기를 바랐다.

3

낯선 여자에게 팔메라이어는 방과 침대를 내주었다. 역장의 아내는 환자와 아이들 사이에서 바쁘게 돌아다녔다. 팔메라이어는 매일 두 번 가서 그녀를 살펴보았다. 쌍둥이들에게는 조용하도록 단단히 주의를 주었다.

하루가 지나자 사고의 흔적이 치워졌고 나머지 조사가 시작되었다. 팔메라이어는 심문을 받았고 과오를 저지른 전환수는 파면되었다. 급행열차가 전처럼 다시 하루에 두 번 인사를 보내는 역장을 스쳐 지나갔다.

사고가 일어난 그날 저녁에 팔메라이어는 낯선 여자의 이름을 알게 되었다. 그녀는 바레브스카 백작 부인이고, 러시아인이고, 키에프[12] 근교에 거주하는데 빈에서 메라노로 가는 중이라고 했다. 그녀 짐의 일부가 발견되어 전달받았다. 갈색

---

12 과거에 소비에트 연방에 속했으나 연방 해체 후 현재는 우크라이나의 수도이다.

과 검은색의 가죽 트렁크였다. 트렁크는 아직도 가죽 냄새와 알 수 없는 향수 냄새가 났다. 그런 냄새가 팔메라이어의 집 안을 가득 채웠다.

침대를 낯선 여자에게 내주고, 그는 이제 침실의 아내 곁이 아니라 아래층 집무실에서 잤다. 아니, 거의 자지 않았다. 그는 깨어있었다. 아침 9시경에 그는 낯선 여자가 누워있는 방으로 갔다. 그녀에게 잘 잤는지 아침 식사를 했는지 기분은 어떤지 물었다. 그는 신선한 제비꽃을 꺾어 어제 꺾어온 묵은 꽃이 있는 탁자 위의 화병으로 가서 전날의 꽃을 버리고 깨끗한 물에다 새 꽃을 꽂은 다음에 침대의 발치에 서 있었다. 그의 앞에는 낯선 부인이 그의 베개를 베고 그의 이불을 덮은 채 누워있었다. 그는 불분명한 말을 중얼거렸다. 크고 검은 눈으로 낯선 부인은 낯설고 달콤한 풍경처럼 멀리서 희고 강한 얼굴을 베개에 묻고 역장의 이불을 덮은 채 누워 있었다. "좀 앉으세요." 그녀가 하루에 두 번씩 그렇게 말했다. 그녀는 러시아인의 딱딱하고 낯선 독일어로 말했는데, 깊고 낯선 목소리였다. 머나먼 곳, 낯선 곳의 모든 화려함이 그녀의 목소리에 배어있었다.

팔메라이어는 앉지 않았다. "죄송합니다, 해야 할 일이 많아서요."라고 말하고 돌아서서 방을 나왔다.

엿새가 그렇게 지나갔다. 일곱 번째 되는 날 의사는 낯선 여자에게 여행을 계속해도 좋다고 말했다. 그녀의 남편이 메라노에서 기다리고 있었다. 그렇게 그녀는 떠났고 모든 방에 특히 팔라메이어의 침대에다 가죽과 이름 없는 향수의 사라지지 않는 향기를 남겨놓았다.

4

묘한 이 향기는 집 안과 생각 속에 남았다. 그렇다, 팔메라이어의 가슴 속에는 사고 자체보다도 훨씬 더 오래도록 남았다고 할 수 있다. 사건의 정확한 원인과 자세한 경과를 조사하는 일이 지루하게 원칙에 따라서 진행되는 내내 팔메라이어는 두어 번 심문을 받았는데, 그다음 주까지도 그는 낯선 여인에 관한 생각에서 벗어나지 못했다. 그녀가 그의 주위에, 그리고 그의 마음속에 남기고 간 향기에 취해서 그는 정확한 질문에 거의 뒤죽박죽으로 대답했다. 작업이 상대적으로 단순하지 않았거나 그 스스로 수년 동안 맡은 일에서 거의 기계의 일부가 되어 있지 않았더라면 그는 그 일을 제대로 감당해내지 못했을 것이다. 조용할 때면 그는 편지를 기다리면서 낯선 여자로부터 소식이 오기를 바랐다. 그녀가 손님 접대에 감사할 줄 알 만한 사람으로 생각했기 때문에, 그는 언젠가 한 번 편지를 보내올 것을 의심하지 않았다. 그러던 어느 날 질은 파란색의 커다란 감사 편지가 이탈리아에서 왔다. 남편과 함께 남쪽으로 여행을 하고 있다는 바레브스카 부인의 편지였다. 현재 로마에 있다고 했다. 시칠리아로 그녀와 남편이 갈 작정이라고 했다. 팔메라이어의 쌍둥이를 위한 과일이 담긴 예쁜 상자가 하루 뒤에 도착했고, 역장 부인에게는 바레브스카 백작으로부터 예쁘고 향기가 짙은 옅은 빛깔의 장미 소포가 도착했다. 백작 부인은 편지에서 두 사람에게 감사할 시간을 갖게 될 때까지 오래 걸렸다고 하면서 메라노에 도착한 뒤에도 한참 동안 충격이 남아 휴양이 필요했다고 썼다. 과일과 꽃을 팔메라이어는 당장 집으로 가지고 갔다. 하지만 역장은 하루 전에 도착한 편지는 더 오래 보관했다. 남쪽에서 온 과일과 장미는 짙은 향기를 풍겼지만, 팔메라이어의 마음에는 백작 부인의 편지가 더 강하게 향기로운 것 같았다. 그것은 짧은 편지였다. 팔메라이어는 편지를 외웠다. 어느 위치에 어떤 단어가 쓰여 있는지 그는 정확히 알고 있었다. 편지는 연푸른 잉크로 커다랗게 나부끼는 글씨로 썼는데, 글씨는 낯설고 희귀한 깃을 단 날렵한 새들의 아름다운 무리가 짙푸른 하늘 끝으로 날아가는 것처럼 보였다. '아냐 바레브스카'라고 서명이 되어 있었다. 감히 한 번도 물어보지 못했지만, 그는 낯선 여자의 이름을 오래전부터 알고 싶었는데, 그 이름은 그에게 감추어진 그녀 몸의 매력과도 같았다. 이름을 알게 되자 그는 달콤한 비밀을 선물 받은 기분이었다. 그것을 혼자만 간직하려는 비밀스러운 마음 때문에 이틀 뒤에야 그는 편지를 아내에게 보여주기로 작정했다. 바레브스카의 이름을 알게 된 이래 그는 클라라라는 아내의 이름이 아름답지 않다는 생각까지 하게 되었다. 아내 클라라가 무관심한 손놀림으로 낯선 여자의 편지를 열어보는 것을 보면서 그는 편지를 쓴 여인의 낯선 손이 기억났다. 처음 보았을 때 모피 위에 놓여 꼼짝도 하지 않던 손, 은빛으로 빛나던 그녀의 두 손이 생각났다. 그때 그 손에 입을 맞추었어야 했는데, 라고 그는 한순간 생각했다. "아주 친절한 편지네요."라고 그의 아내가 말하고 편지를 내려놓았다. 강청색 그녀의 눈은 의무감이 가득했는데 한 번도 근심에 빠진 적이 없었다. 클라라 팔메라이어 부인은 걱정거리를 인생사의 한 부분으로 간주하고, 근심 속에서도 만족을 찾는 능력을 갖추고 있었다. 팔메라이어는 그 사실을 갑자기 깨달았다. 그런 사고방식이나 생각은 그에겐 항상 낯설었다. 오늘 밤에 해야 할 중대한 일이 있다고 핑계를 대고 그는 같은 방에서의 잠자리를 피하고 아래층 집무실로 내려가 누웠다. 그러면서 위층에, 그의 위에, 그의 침대에 지금도 낯선 여자가 잠들어 있다고 상상해보려 했다.

날이 가고 달이 갔다. 시칠리아에서 두 장의 화려한 그림엽서가 간단한 인사말과 함께 날아왔다. 여름이 왔다. 무더운 여름이었다. 휴가 기간이 다가오자 팔메라이어는 아무 데도 가지 않기로 했다. 아내와 아이들을 그는 오스트리아의 어느 휴양지로 보냈다. 그는 남아서 근무를 계속했다. 결혼 이후 처음으로 아내와 떨어져 지내게 된 것이다. 조용히 지내면서 그는 이 고독에서 너무 많은 기대를 했다. 혼자 지내면서 그는 결코 혼자 있을 수 없다는 사실을 깨닫게 되었다. 그는 서랍을 전부 뒤져 낯선 부인의 편지를 찾았다. 하지만 찾을 수가 없었다. 팔메라이어 부인이 오래전에 없앤 것 같았다.

아내와 아이들이 돌아왔고 7월도 끝나가고 있었다.

그때 전체 동원령이 내렸다.

5

팔메라이어는 제21 저격병 대대의 예비역 장교였다. 비교적 중요한 임무를 맡았기 때문에 그는 많은 동료처럼 한동안 후방에 머무는 것이 가능했다. 그래도 그는 군복을 입고 짐을 꾸렸고, 자식들을 포옹하고 아내와 키스를 하고 본부로 갔다. 직무는 역의 조수에게 위임했다. 팔메라이어 부인은 울었고 쌍둥이는 환호했다. 아버지가 굉장한 옷을 입어서였다. 팔메라이어 부인은 차분했지만 떠나는 순간 남편에 대해 자부심을 느꼈다. 그녀는 눈물을 감추었다. 그녀의 푸른 눈은 힘겨운 의무감으로 가득했다.

역장 자신에 관해 말한다면 몇몇 친구들과 어느 객실에 앉았을 때야 비로소 이 순간의 무서운 결정을 절감했다. 하지만 알 수 없는 일종의 쾌활함으로 같은 객실에 탄 다른 장교들과는 자신이 다르다는 것을 느꼈다. 모두 예비역 장교들이었다. 누구나 다 정든 집을 떠나온 상황이었다. 그들 모두 이 시간에는 열정적인 군인이었다. 하지만 동시에 각자는 절망적인 아버지, 절망적인 아들이었다. 전쟁은 팔메라이어에게만 출구 없는 상황에서 그를 해방시켜준 것 같았다. 쌍둥이 딸들을 생각하면 그는 마음 아팠다. 아내 역시 마찬가지였다. 그렇다, 아내한테도 그런 마음이었다. 동료들이 고향에 관해 이야기하면서 아주 행복하고 즐거운 표정을 얼굴과 태도에 보여줄 때면 팔메라이어 역시 그들과 비슷하게 해야 할 것만 같아 식구들 얘기를 꺼냈다. 거짓은 아니지만, 어딘가 과장된 불안감 같은 것이 그의 눈길과 표정에 담겨 있었다. 원래 그는 동료들에게 자신의 집에 관해 이야기하기보다는 바레브스카 백작 부인에 관해 더 말하고 싶었다. 하지만 그는 억제하며 침묵하고 있었다. 마음속으로는 자신이 이중으로 거짓말을 하는 느낌이었다. 첫째는 그의 내면에 움직이고 있는 것을 말하지 않는 것이고, 둘째는 적국(敵國)의 여자 바레브스카 백작 부인에 관해서보다 이 시간에 훨씬 더 멀리 떨어져 있는 아내와 자식들에 관해 이런저런 이야기를 늘어놓고 있다는 점 때문이었다. 그는 자신을 약간 경멸하기 시작했다.

6

그는 입대했다. 전장에 나갔고, 전투에 참여했다. 그는 용감한 군인이었다. 남들처럼 진심 가득한 군대 우편을 그는 집으로 보냈다. 그는 특출했고 소위로 임관했다. 부상당했고, 야전병원으로 이송되었다. 휴가를 갈 권리가 있었지만 포기하고, 그는 다시 전장으로 나갔다. 그는 동부전선에서 전투에 참전했다. 교전이나 탐색전, 대 공격 중간에 자유시간이 나면 그는 우연히 구한 책으로 러시아어를 배우기 시작했다. 거의 미친 듯이 배웠다. 가스 냄새 속에서도 피비린내 속에서도 비가 와도 늪에서도 진흙에서도 살아있는 자의 땀 냄새를 맡으면서도 썩어가는 시체의 악취 속에서도 팔메라이어는 그의 침대에서 그의 베개를 베고 그의 이불을 덮고 누웠던 낯선 여자의 트렁크 가죽과 알 수 없는 향수의 향기에 빠져들었다. 그녀의 모국어를 배우면서 그는 그녀의 언어로 그녀와 대화하는 상상을 했다. 그는 부드러움을, 과묵함을, 러시아의 고귀한 부드러움을 배웠다. 그는 그녀와 이야기했다. 세계대전으로 헤어졌지만 그녀와 이야기를 나누고 있었다. 그는 포로로

잡힌 러시아 병과 이야기를 나누었다. 백배나 예민해진 귀로 그는 감미로운 말소리를 귀담아들었고 유창한 혀로 그 말을 따라서 발음했다. 그가 배우는 낯선 언어의 새로운 말을 대할 때마다 그만큼 그는 낯선 여자와 더 가까워졌다. 지난번에 본 것 외에 그녀에 관해 아무것도 더는 알지 못했다. 평범한 그림엽서에 보낸 간단한 인사말이나 후딱 쓴 서명뿐이었다. 하지만 그녀는 그를 위해 살아서 그를 기다리고 있고, 그는 곧 그녀와 이야기할 수 있을 것이었다.

러시아어를 아는 까닭에 대대가 남부 전선으로 이동하게 되었을 때 얼마 후 그는 곧 점령군에게 속하게 될 부대로 전속되었다. 팔메라이어는 처음에는 통역관의 자격으로 사단 사령부에 발령을 받았고 거기에서 첩보 및 정보과에 배치되었다. 드디어 그는 키예프 근처로 오게 되었다.

7

소로비엔키라는 이름을 그는 잘 기억하고 있었다. 기억하는 정도 이상으로 그 이름은 그에게 신뢰를 주었고 친숙했다.

바레브스카 가문 소유의 농장 이름을 찾아내기는 쉬웠다. 이름이 소로브키였고 남쪽으로 약 3킬로 떨어져 있었다. 팔메라이어는 달콤하고 가슴 조이는 고통스러운 흥분으로 빠져

들었다. 그는 자신을 전쟁으로, 그리고 여기까지 오게 만든 운명에 무한히 감사하고픈 마음이었고, 동시에 이제 시작될 모든 것에 대한 알 수 없는 공포를 느꼈다. 전투나 출격, 부상, 죽을 고비 같은 것은 이제 그의 앞에 전개될 것에 비하면 하찮은 사건일 뿐이었다. 어쩌면 못 만나게 될지도 모르지만, 그 부인과의 만남을 위해 단지 한 가지 준비만 하면 모든 것은 끝이었다. 정말로 어떤 경우에도 이겨낼 각오가 되었는가? 도대체 그녀가 집에 있기나 할까? 적군이 들어왔으니 안전한 곳으로 피난하지 않았을까? 집에 살고 있다면 남편이 함께 있을까? 어쨌든 가서 직접 봐야 할 것 같았다.

팔메라이어는 마차에 말을 매고 길을 떠났다.

5월의 이른 아침이었다. 가볍고 작은 이륜마차를 타고 무성한 초원을 지나 꼬불꼬불하고 모래가 많은 시골길을 달려 그는 거의 사람들이 살고 있지 않은 곳을 지났다. 군인들이 일상의 훈련을 하느라고 덜그럭 철그렁 소리를 내며 행진하고 있었다. 청명하고 높고 푸른 하늘 어디에선가 종달새가 지저귀고 있었다. 자그마한 전나무 숲의 촘촘하고 컴컴한 부분이 밝고 즐거워 보이는 자작나무의 은빛 무리와 번갈아 시야에 나타났다. 그리고 아침 바람은 멀리 떨어진 임시 막사에서 군인들의 군가 소리를 이따금 전했다. 팔메라이어는 어린 시절과 고향을 생각했다. 전쟁이 발발하기 전까지 그는 근무지

역에서 멀지 않은 곳에서 태어나 그곳에서 자랐다. 그의 아버지 역시 역원으로 하층 공무원, 창고 관리원이었다. 팔메라이어의 어린 시절은 그 후의 삶과 마찬가지로 기차의 소음과 냄새로 가득했다. 기관차는 끼익 소리를 지르며 새들의 지저귐과 대화를 했다. 석탄의 검은 연기가 꽃이 만발한 들판의 향기 위로 날아갔다. 기차가 남긴 회색 연기는 푸르스름한 구름과 더불어 산 위로 올라가 달콤한 애수와 동경의 안개 속으로 흩어졌다. 이곳의 세상은 얼마나 다른가. 명랑함과 슬픔이 하나로 어울려 있고, 부드럽고 감미로운 산등성이에는 눈에 익은 농경지가 하나도 없고 듬성듬성 라일락이 피었을 뿐 산뜻하게 색칠한 울타리 안에도 만발한 들풀은 보이지 않았다. 짚으로 만든 넓고 깊숙한 지붕이 있는 나지막한 오막살이는 모자처럼 엎드린 채 작은 마을을 이루고 있었고, 먼 곳은 물론 바라보이는 평지에서도 그렇게 나지막하게 자리 잡고 있었다. 나라마다 정말 달랐다. 사람들의 마음도 그럴까, 라고 팔메라이어는 속으로 생각했다. 나를 알아볼까? 바레브스카의 농장에 가까워지면 질수록 그의 심장은 더 요란하게 두근거렸다. 가까이 가면 갈수록 부인이 집에 있으리라는 생각이 그만큼 더 굳어졌다. 이제 몇 분밖에 안 남았다는 생각을 그는 했다. 그렇다, 그녀는 집에 있었다.

저택으로 이어지는, 자작나무가 듬성듬성한 길의 초입에서 팔메라이어는 마차에서 내렸다. 시간을 조금이라도 끌기 위해서 그는 걸어서 갔다. 늙은 정원사가 그에게 용건을 물었다. 백작 부인을 만나고 싶다고 팔메라이어는 대답했다. 전하겠다고 정원사가 말하고 나서 천천히 멀어져 가더니 곧 되돌아왔다. 그랬다. 백작 부인은 집에 있었고 방문을 기다린다고 했다.

당연히 바레브스카는 팔메라이어를 알아보지 못했다. 그녀는 최근에 맞아들여야 했던 그런 군인들이 방문한 정도로 생각했다. 그녀가 앉으라고 권했다. 그 목소리, 깊고 어둡고 낯선 그 목소리는 그를 놀라게 했고 동시에 아주 친밀하게 느끼게 했다. 신비로운 전율, 귀에 익은, 다정하게 인사를 건네는, 수많은 세월 동안 그리워하며 기다려온 전율이었다. "팔메라이어입니다." 장교가 말했다. 물론 그녀는 그 이름을 잊고 있었다. 그가 덧붙였다. "기억해 보십시오. L 역의 역장입니다." 그녀가 다가와 그의 손을 잡았다. 그 향기가, 수년 동안 그를 따라다니며 휘감고 고통을 주고 위안을 주던 그 향기가 다시 났다. 그녀의 두 손이 한순간 그의 손을 잡았다.

"어머나, 말 좀 해보세요." 바레브스카가 큰 소리로 말했다. 그는 짧게 자신이 어떤 상황인지 설명했다. "부인하고 아이들은요?" 백작 부인이 물었다. 팔메라이어가 대답했다. "식구들을 못 본 지 오래됐습니다. 한 번도 휴가를 안 갔습니다."

이어 짧은 침묵이 흘렀다. 그들은 서로 바라보았다. 넓고 나지막하고 하얗게 칠해서 거의 황량한 방 안에 이른 오전의 햇살이 금빛으로 가득했다. 창가에서 파리들이 윙윙거렸다. 팔메라이어는 넓고 흰 백작 부인의 얼굴을 조용히 들여다보았다. 아마도 그녀가 그의 마음을 이해한 것 같았다. 그녀가 일어나서 창문 세 개 중에서 가운데 창문에 커튼을 치려고 했다. "너무 밝지요?" 그녀가 물었다. "어두운 것보다 더 좋습니다." 팔메라이어가 대답했다. 그녀가 탁자로 돌아와 초인종을 울렸다. 늙은 하인이 왔고 그녀가 차를 시켰다. 그들 사이의 침묵은 오래가지 않았다. 오히려 차를 가져올 때까지 반대로 그 침묵이 점점 더 깊어졌다. 팔메라이어가 담배를 피웠다. 그녀가 차를 따르는 동안 그가 갑자기 물었다. "남편은 어디 계신가요?"

그녀는 찻잔이 찰 때까지 기다렸다. 마치 아주 조심스럽게 대답을 생각 중인 것처럼 보였다. 그런 뒤 그녀가 말했다. "물론 전장에 나갔지요."라고 말하고 덧붙였다. "석 달째 아무 연락도 받지 못하고 있어요. 서로 편지를 주고받지 못하는 형편입니다." "걱정이 많이 되시지요?" 팔메라이어가 물었다. "그럼요." 그녀가 대답했다. "역장님 부인이 역장님 걱정하는 것 못지않게 걱정이 돼요." "용서하십시오. 그 말씀이 옳습니다. 제가 정말 어리석었습니다." 팔메라이어가 말했다. 그는 찻잔을 응시했다.

백작 부인은 집을 두고 떠나기가 싫었다고 덧붙여 말했다. 다른 사람들은 피난을 떠났지만, 그녀는 농부들 앞에서, 그리고 적 앞에서 도망하지 않겠다고 말했다. 그녀는 여기에 4명의 하인과 함께 살고 있고, 말 두 필과 개 한 마리가 있었다. 돈이나 귀금속은 땅에 묻었다. 그렇게 말하는 중에 그녀는 한 단어를 오래 생각하고 있었다. 땅을 판다는 말을 독일어로 할 줄 몰라서 땅바닥을 가리켰던 것이다. 팔메라이어는 그 단어를 러시아어로 가르쳐주었다. "러시아어를 할 수 있나요?" 그녀가 물었다. "네." 그가 대답했다. "배웠습니다. 전장에서 배웠습니다." 그리고 그가 러시아어로 덧붙였다. "당신 때문에, 당신을 위해서, 당신과 한번 대화를 하려고 제가 러시아어를 배웠습니다."

그녀는 그가 말을 굉장히 잘한다고 인정했다. 마치 말하는 능력을 보이려고 어려운 문장을 구사하는 것 같다고 했다. 이런 방법으로 그녀는 그의 고백을 의미가 없는 언어 연습으로 바꾸어 놓았다. 하지만 바로 그런 대답이 그녀가 그의 마음을 잘 이해한다는 사실에 대한 증거가 되었다.

이제 가야지, 라고 그는 생각했다. 그는 곧 일어났다. 그리고 그녀가 초대한다는 말을 기다리지도 않고, 그의 무례함을 제대로 알 것으로 짐작하면서 말했다. "다음번에 다시 찾아뵙겠습니다." 그녀는 대답하지 않았다. 그녀의 손에 키스하고 그는 집을 나왔다.

8

그는 집에서 나왔다. 그리고 운명이 이루어지기 시작했다는 사실을 의심치 않았다. 그게 법이야, 라고 그는 자신에게 말했다. 한 사람이 다른 사람에게 그토록 몰입하는 것, 그리고 다른 사람이 계속 마음을 닫아거는 것은 불가능한 법이다. 내가 느끼는 바를 그녀도 느꼈어. 아직은 나를 사랑하지 않는다고 해도 곧 나를 사랑하게 될 거야.

공무원과 장교로서 팔메라이어는 몸에 익은 확고한 성실함으로 맡은 바를 해냈다. 그는 입대한 이후 처음으로 우선 두 주간의 휴가를 받기로 마음먹었다. 중위 진급이 며칠 내에 있을 예정이었다. 그는 우선 기다리기로 했다.

이틀 후 그는 다시 한 번 소로브키로 갔다. 바레브스카 백작 부인은 집에 없고 정오 전에는 만날 수 없을 거라고 했다. 그래서 그가 말했다. "좋습니다, 그때까지 정원에서 기다리죠." 아무도 그를 내보낼 수 없었기 때문에 그가 집 뒤편의 정원으로 들어가도록 놔두었다.

그는 두 줄로 늘어선 창문들을 올려다보았다. 그는 백작 부인이 집 안에 있으면서 거짓말을 시켰을 것으로 생각했다.

실제로 그는 이쪽 창문, 저쪽 창문 안에서 밝은 옷차림의 흔적을 본 것 같았다. 그는 끈기 있고 여유 있게 기다렸다.

가까운 교회에서 12시를 알리는 종소리가 울리자 그는 다시 집 안으로 들어갔다. 바레브스카 부인이 거기에 있었다. 그녀는 막 층계에서 내려오는 참이었는데, 검고 몸에 끼는, 위에까지 잠근 옷을 입고 있었는데, 칼라 주변에는 작고 섬세한 진주 목걸이를 하고 좁은 왼쪽 소매에는 은팔찌가 보였다. 팔메라이어의 생각으로 그녀가 자기 때문에 그렇게 옷을 단단하게 입었다고 생각했다. 그리고 그의 가슴 속에서 영원히 그녀를 위해 불타고 있는 그 불이 다시금 새로운, 어떤 특별하고 작은 불씨를 잉태하는 것 같았다. 새로운 불빛이 사랑에 불을 붙였다. 팔메라이어는 미소를 보냈다. "저는 오래 기다려야 했습니다."라고 그가 말했다. "하지만 아시다시피 저는 기다리는 것이 좋습니다. 뒤의 정원에서 창문을 올려다보며 저는 당신을 만날 수 있는 행운을 갖게 될 것으로 생각했습니다."

식사를 할 것인지 백작 부인이 물었는데, 곧 식사 시간이기 때문이었다. 네, 배가 고픕니다, 라고 그가 말했다. 하지만 내놓은 세 코스의 음식을 그는 이상할 정도로 조금만 먹었다.

백작 부인은 전쟁이 발발한 때의 이야기를 했다. 카이로에서 급히 집으로 돌아온 일에 관해 이야기했다. 남편의 친위부대에 관해서, 남편의 전우들에 관해서, 그리고 자신의 젊은 시절 이야기, 아버지와 어머니에 관해서, 그리고 어릴 적의 이야기도 했는데, 그 외에도 이런저런 이야깃거리를 찾아 놓은 것 같았다. 이 모두가 입을 다물고 있는 그가 말을 하지 못하도록 하기 위한 것 같았다. 금발의 수염을 쓰다듬으면서 그는 귀를 기울이고 있는 모습이었다. 그런데 그는 이야기보다는 그녀의 향기에 더 열심히 귀를 기울이고 있었다. 그의 숨구멍은 귀를 기울이고 있었다. 그런데 그녀의 말 역시 향기를 뿌리고, 그녀의 언어 역시 향기를 뿌렸다. 그녀가 이야기할 수 있는 모든 것에 그는 무조건 빠져들었다. 그녀에게는 그에게 숨긴 것이 하나도 없었다. 그에게 무엇을 감출 수 있단 말인가? 훤하게 꿰뚫어 보는 그의 시선 앞에서 그녀의 꽉 끼는 옷은 그녀의 몸을 보호하지 못했다. 그는 그녀를 만지고 싶었다. 손으로 그녀를 만져보고 싶었다. 두 사람이 일어설 때 그가 여기 좀 더 머무를 생각이라고, 오늘 휴가를 받았는데 중위로 진급하게 되면 곧 꽤 긴 휴가를 받게 될 것이라고 그가 말했다. 어디로 갈 생각인지 백작 부인이 물었다. "아무 데도 안 갑니다." 팔메라이어가 말했다. "여기에 있고 싶습니다." 그러자 그녀가 오늘이든 나중이든 원하는 대로 있어도 된다고 말했다. 그런데 지금은 혼자 좀 계셔야 된다고, 집을 좀 둘러봐야 한다고 말했다. 오시려면 집에 방은 충분하다고, 방이 많아서 서로 방해하지 않고 지낼 수 있다고 그녀가 말했다.

그가 작별 인사를 했다. 그녀가 그와 함께 있을 수 없으니 시내로 돌아가는 게 나을 것 같다고 그가 말했다.

그가 마차에 오를 때 단정한 검은 옷을 입은 그녀가 환한 얼굴로 문지방에서 기다리고 있었다. 그리고 그가 채찍을 잡는 동안 손을 살짝 들어 진심 어린 조심스러운 절반의 인사를 보냈다.

9

그 방문 일주일 후 새로 진급한 아담 팔메라이어 중위는 휴가를 받았다. 전우 모두에게 그는 집으로 갈 것이라고 말했다. 그리고는 바레브스카의 저택으로 가서 그를 위해 마련해 놓은 아래층의 방에 기거했다. 매일 그는 집의 안주인과 식사를 하고 이것저것에 관해, 별 관심 없는 것이나 멀고 먼 이야기를 그녀와 나누었다. 전장에 관해서도 이야기를 했지만, 내용에는 주의를 기울이지 않았고, 이야기하면서도 귀를 기울이지 않았다. 밤에 그는 잠들지 못했다. 여러 해 전에 고향에서 백작 부인이 역 건물에서 위층 그의 방에서 숙박했던 엿새와 마찬가지로 그는 잠을 이룰 수가 없었다. 오늘도 그는 그녀가 밤이면 그의 위에서, 머리 위에서, 그의 가슴 위에서 잠들고 있음을 느꼈다.

어느 날 밤 무덥더니 나지막하게 가랑비가 내렸다. 팔메라이어는 일어나 옷을 입고 집 앞으로 나갔다. 넓은 층계참에는 노란 석유등이 타오르고 있었다. 집 안은 고요하고 밤도 조용하고 비도 고요했다. 빗방울이 부드러운 모래에 떨어지듯 내렸는데, 그 부드러운 음악은 바로 밤의 적막함이 부르는 노래였다. 갑자기 층계가 삐걱 소리를 냈다. 문밖에 서 있었지만, 팔메라이어는 그 소리를 들었다. 그는 돌아다보았다. 그가 그 무거운 문을 열어놓았던 것이다. 그때 그는 바레브스카 백작부인이 층계를 내려오고 있는 것을 보았다. 낮과 마찬가지로 그녀는 완전하게 차려입고 있었다. 말없이 그가 허리를 굽혔다. 그녀가 그에게로 다가섰다. 그렇게 그들은 말없이 잠시 서 있었다. 팔메라이어는 가슴이 두근거리는 소리를 들었다. 부인의 심장도 그의 심장과 마찬가지로 큰 소리로, 같은 박자로 요동하는 것 같았다. 갑자기 공기가 무더워지는 듯했고, 열린 문으로 바람 한 점 들어오지 않는 것 같았다. 팔메라이어가 말했다. "빗속으로 나가볼까요, 제가 외투를 가져오겠습니다." 그리고는 대답을 기다리지도 않고 방으로 가서 외투를 들고 나왔다. 그리고는 옛날 참사가 일어났던 잊을 수 없는 밤에 모피를 걸쳐주었듯이 외투를 그녀의 어깨에 걸쳐주고 한 팔로 외투를 감쌌다. 그들은 밤 속으로, 빗속으로 걸어갔다.

그들은 도로를 따라 걸었다. 젖고 어두웠지만 가느다랗고 성긴 가지들이 내면에서 빛을 발하며 은빛으로 반짝였다. 마치 정겨운 세상에서 나무들의 이 은빛 광채가 팔메라이어의 가슴에 사랑을 일깨우는 것 같아 그는 부인의 어깨를 감싼 그의 팔에 더욱 힘을 주었고 외투의 젖은 천을 통해서 육체의 나긋나긋한 감미로움을 느꼈다. 그의 생각으로는 부인이 잠시 그에게 몸을 기대는 것 같았다. 그랬다. 그녀가 그에게로 몸을 바싹 붙였다. 하지만 잠깐 뒤 그들의 몸 사이에는 다시 상당한 거리가 생겨났다. 그의 손이 그녀의 어깨를 벗어나 그녀의 젖은 머리를 어루만지고, 젖은 귀를 쓰다듬고, 젖은 얼굴을 쓰다듬었다. 다음 순간 두 사람은 동시에 멈춰 서서 마주보고 서로 포옹했다. 외투가 그녀의 어깨에서 흘러내려 무감각하고 무겁게 땅에 떨어졌다. 그렇게 그들은 빗속에서 한밤중에 얼굴과 얼굴을, 입술과 입술을 마주하고 오래도록 키스했다.

10

팔메라이어 중위는 한번 즈메르인카[13]로 전출을 가야 할 일이 있지만 여러 가지로 애를 써서 그냥 그곳에 남았다. 그

13 소비에트 연방 해체 후 현재는 우크라이나 빈니차 주에 있는 도시.

는 그곳에 남기로 작심했다. 아침마다 저녁마다 그는 전쟁과 점령을 축복했다. 갑작스럽게 전쟁이 끝나는 것보다 더 두려운 것은 없었다. 그는 바레브스키 백작이 오래전에 사망한 것으로 추측했다. 전투 중 전사했거나 폭동을 일으킨 공산당 군인들에 의해 처형당했다고 생각했다. 전쟁은 영원히 지속되어야 하고 팔메라이어의 근무는 영원히 이곳에서, 이 자리에서 지속되어야만 했다.

지상에 결코 평화가 와서는 안 되었다.

억제할 수 없는 과도한 정열이 꽤 많은 사람의 감각을 마비시키고 통찰력을 잃게 만들고 오성을 파괴하듯 팔메라이어 역시 자만심에 빠져 있었다. 그에게는 이 땅에 오직 그 자신과 사랑하는 대상뿐이었다. 하지만 당연한 일이지만 세상의 크고 복잡한 운명은 그를 무시하고 계속 진행되었다. 혁명이 일어났다. 중위이자 사랑에 빠진 팔메라이어는 그 혁명이 전혀 달갑지 않았다.

극히 위험할 때면 그렇듯이 기묘한 운명의 시간이 다가오자 그의 잠자던 이성은 날카로워졌고, 지극히 냉철한 가운데 그는 곧 사랑하는 여자의 삶과 자신의 삶, 그리고 무엇보다도 두 사람의 공동운명을 구해야 한다는 것을 재빨리 인식했다. 갑작스러운 사건이 일으킨 혼돈의 와중에도 그는 군대의 위상과 그가 맡은 특수 임무, 게다가 우선 필요한 도움과 권력의 수단을 재빨리 이용하려고 노력했다. 며칠 사이에 오스트리아의 군대가 함락되고 독일 군대가 우크라이나에서 철수하자 러시아의 붉은 군대가 진격을 시작했다. 최근 폭동을 일으킨 농부들이 지금까지의 상전의 재산에 방화와 약탈로 공격을 했다. 그는 무장된 두 대의 자동차를 바레브스카 백작 부인이 사용하도록 마련했고, 총과 탄환을 가진 충직한 여섯 명의 사병과 두 주일 분의 식량도 마련했다.

어느 날 저녁, 백작 부인은 여전히 농장을 떠나지 않으려 했지만, 팔메라이어는 자동차와 군인들을 데리고 나타나 격한 말과 거의 힘으로 윽박지르면서 그녀에게 정원에 묻어둔 패물을 꺼내오고 떠날 준비를 하라고 일렀다. 그렇게 하는 데 밤새도록 일이 계속되었다. 흐릿하고 습기 찬 늦가을의 아침이 밝아 오기 시작할 때 그들은 준비를 끝내고 피난길에 오를 수 있었다. 천막 천을 씌운 널찍한 자동차 안에 장정들이 타고 있었다. 운전병이 민간 자동차를 운전하며 앞차를 따라갔는데 그 안에는 백작 부인과 팔메라이어가 타고 있었다. 그들은 모든 사람이 가고 있는 서쪽으로 가지 않고 남쪽으로 가기로 했다. 서쪽으로 가는 모든 국도는 퇴각하는 군대로 인해 차단된 것을 알고 있었다. 그리고 새로 건설된 서쪽 국가의 국경에 무엇이 도사리고 있는지 누가 알겠는가. 정말 그랬다. 나중에 드러났지만, 러시아의 서쪽 국경에는 실제로 새로운 전쟁이 났다. 게다가 크리미아와 코카서스에는 바레브스카 백작 부인의 부유하고 권세 있는 친척들이 살고 있었다. 달라진 이 상황이지만 그들로부터 도움을 받을 수 있을 것이고, 두 사람에겐 도움이 필요했다. 그리고 제일 중요한 것은 현명한 본능이 사랑하는 두 사람에게 알려준 내용, 즉 대혼란이 온 세상을 삼키고 있을 때는 영원한 바다만이 단 하나의 자유를 의미한다는 사실이었다. 그들은 우선 바다 쪽으로 가기로 했다. 코카서스까지 동행하는 장정들에게 그들은 상당한 액수의 순금을 약속했다. 그래서 당연히 소요가 있겠지만 가벼운 마음으로 그들은 그쪽으로 향했다.

팔메라이어가 모든 일을 잘 준비했고 있을 법한 이상한 사고까지 미리 계산했기 때문에 그들은 단 시간에, 전부 합쳐서 나흘 만에 티프리스[14]에 도착했다. 여기서 함께 온 장정들에게 약속한 보상을 했다. 단지 운전병만은 바쿠[15]까지 데리고 갔다. 남쪽으로, 크리미아반도 쪽으로 귀족이나 상류층 러시아인들이 피난하고 있었다. 친척을 만날 생각이긴 했지만, 그들은 아는 사람 눈에 띄는 것을 피했다. 팔메라이어가 더 애쓴 것은 그와 연인을 바쿠에서 곧장 위험이 적은 나라의 항구

14 현재 조지아의 수도로, 트빌리시로 불리기도 한다.

15 현재 아제르바이잔의 수도이다.

로 실어 갈 배를 찾는 것이었다. 그러는 중에 팔메라이어처럼 타고 갈 배를 찾아다니고 있는, 바레브스카 집안과 이런저런 안면이 있는 집안과 불가피하게 마주치게 되었고, 백작 부인은 그들에게 팔메라이어라는 인물이나 두 사람의 관계에 관해서 거짓말을 하는 수밖에 없었다. 알고 보니 다른 사람들과 어울려야만 계획한 방식대로 피난을 할 수 있었다. 그래서 여덟 명이 모여서 바닷길을 통해서 러시아를 벗어나기로 하고, 부서진 듯 보이는 증기선의 믿을만한 선장을 만나 일단 이탈리아나 프랑스로 가는 정기 여객선이 아직도 출항하고 있는 콘스탄티노플로 갔다.

3주 뒤 팔메라이어는 사랑하는 여자와 함께 몬테카를로[16]에 도착했다. 거기에는 바레브스카의 집안이 전쟁 전에 사둔 작은 별장이 있었다. 그래서 이제 팔메라이어는 행복과 인생의 최고점에 있다고 생각했다. 그는 세상에서 가장 아름다운 여자의 사랑을 받았다. 더욱이 그가 사랑하는, 세상에서 가장 아름다운 여성이었다. 그녀의 모습은 그의 마음속에 수년 동안 살아있지만, 이제는 그녀 자신이 항상 그의 곁에 있었다. 이제 그는 그녀 안에 살고 있었다. 그녀의 눈 안에서 그는 매시간 자신의 모습을 보았고, 그들 두 사람이 서로 가까이에

16 모나코의 10개 행정구 가운데 하나.

있지 않은 시간이란 하루에 한 시간도 되지 않았다. 얼마 전까지만 해도 마음이나 생각의 뜻에 따르느라 굉장히 거만했던 부인이었다. 이 부인이 이제 맹목적으로, 아무런 의지도 없이 팔메라이어의, 오스트리아의 남부 선로에서 일하던 어느 역장의 정열에 이끌려 간 것이었다. 그녀는 그의 아이, 그의 연인, 그의 세계였다. 팔메라이어와 마찬가지로 바레브스카 백작 부인도 다른 소원이 없었다. L 역에서 참변이 있던 그 운명의 밤 이후 팔메라이어의 가슴 속에 자라기 시작한 사랑의 폭풍은 그 부인을 데리고 사라져 그녀의 고향과 풍속과 그녀가 살아온 현실에서부터 천 마일이나 먼 곳으로 그녀를 데려왔다. 감정과 사고방식이 전혀 다른 나라로 그녀를 유인한 것이다. 그리고 그 나라가 그녀의 고향이 되었다. 조용할 날 없는 큰 세상에서 일어나는 모든 것에 이 두 사람은 걱정하지 않았다. 그녀가 가지고 있는 전 재산은 그들에게 일하지 않아도 여러 해 살 수 있게 보장했다. 그들은 미래에 대해서도 걱정하지 않았다. 도박장을 가면 그들은 자만심까지 내보였다. 그들은 돈을 잃는 것을 재미로 생각했다. 사랑으로 행복한 사람은 노름에서 돈을 잃게 마련이라는 속담을 인정하려는 듯 그들은 실제로 돈을 잃었다. 잃는데 그들은 행복을 느꼈다. 마치 사랑을 확신하기 위해서 미신이 있어야 하는 것 같았다. 그러나 모든 행복한 사람들처럼 그들은 행복을 간직하거나

가능하다면 더욱더 크게 만들기 위해서 행복을 시험해 보려 했다.

11

바레브스카 백작 부인은 극소수의 여자들만이 가능할 정도로 팔메라이어를 완전히 독차지 했지만 그럼에도 불구하고 사랑하는 남자를 잃을 두려움 없이 오래도록 사랑할 수는 없었다. (왜냐하면 사랑하는 남자를 잃을 수도 있다는 것이 여자들의 두려움이고, 이 두려움이 그들의 정열과 사랑을 더욱 북돋는 까닭이다.) 그래서 팔메라이어가 아무런 원인을 제공하지 않았는데도 어느 날 그에게 부인과 이혼하고 아이들과 직업을 포기하라는 요구를 했다. 아담 팔메라이어는 곧 빈의 교육청에서 꽤 고위직에 있는 사촌 하인리히에게 자신의 과거의 자격을 완전히 포기한다는 편지를 썼다. 그러면서 빈에 돌아가기를 원치 않고 갈 수도 없으니, 가능하면 유능한 변호사한테 이혼을 부탁해달라고 했다.

기이한 일인데, 이삼일 후 하인리히가 2년 이상 이미 오래 전부터 팔메라이어가 실종자 명단에 들어가 있다고 알려왔다. 한 번도 소식을 알린 적이 없어서 아내나 몇 안 되는 친척들에게 그는 사망한 것으로 되어 있다는 것이었다. 이미 오래

전부터 L 역에는 새 역장이 일을 맡아보고 있고, 팔메라이어 부인은 오래전에 쌍둥이를 데리고 브륀에 있는 친정집으로 이사를 갔다는 것이었다. 그러니 팔메라이어가 여권이나 그에 관계되는 것으로 외국 주재 오스트리아 공관에서 어려움을 겪지 않는 한 가만히 있는 것이 가장 좋은 방법이라는 얘기였다.

팔메라이어는 사촌에게 감사의 말을 전했고 그에게만 편지 연락을 하겠다고 하면서 입 다물어 달라고 부탁했다. 그리고 오고 간 편지를 사랑하는 여자에게 보였다. 그녀는 안심했다. 그녀는 다시는 팔메라이어 때문에 염려하지 않았다. 깊이 사랑에 빠진 여자들의 마음속에 본능적으로 싹터 오르는 그런 수수께끼 같은 두려움에서 (아마 세상의 존속을 확실하게 하려는 것인지도 모르는 일이다.) 바레브스카 백작 부인이 언젠가 한 번 사랑하는 남자의 아이를 갖고 싶다고 했다. 그리고 그런 소원이 생긴 순간부터 그녀는 그 아이가 특별할 것이라는 상상에 빠지기 시작했다. 그녀는 완전히 아이에 빠져들고 말았다. 무심하고 가볍고 활기에 차서 무한한 사랑으로 그녀는 아름답고 자연스러운 무분별한 행동을 자신에게 하게 만든 애인이 이성적이며 신중하고 우월하다고 생각했다. 그래서 그녀에겐 자신의 장점을 사랑하는 탁월한 남자와 결합시킬 아이를 낳는 일보다 더 중요한 것이 없어 보였다.

그녀는 임신했다. 모든 사랑에 빠진 남자들과 마찬가지로 운명에 감사하며 그 운명을 이루도록 도와준 여자에게 감사하며 팔메라이어는 기뻐서 어쩔 줄을 몰랐다. 그의 사랑은 끝이 없었다. 무한히 그는 자신의 성품과 사랑을 보여주었다. 이제는 그에게 모든 것이 이뤄지려는 것이다. 인생은 아직 시작되지 않은 셈이었다. 여섯 달 뒤 아이를 낳게 될 것이다. 여섯 달 뒤에 새로운 인생이 시작되는 것이다.

그러는 사이 팔메라이어는 45살이 되었다.

12

어느 날 바레브스카의 별장에 웬 낯선 사람이, 코카서스 사람으로 키르자 슈빌리라는 사람이 나타나 백작 부인에게 바레브스키 백작이 행운의 덕으로, 그리고 신성한 포크로슈니 수도원의 신성한 성 프로코프[17] 성상의 덕으로 전쟁의 횡포뿐 아니라 볼셰비키 당원들에게서도 목숨을 구해 몬테카를로로 오는 중이라고 알려주었다. 약 2주일 후에는 그가 도착한다는 소식이었다. 그 심부름꾼, 과거에 카자흐의 수장(首長)이었던 키르자 슈빌리는 러시아 황제의 반혁명 임무로 벨

17 뤼벡 태생의 은둔자이자 성자였던 성 프로코피우스를 말한다.

그라드[18]로 가는 중이라고 했다. 임무는 이미 다 끝냈다고 했다. 그는 가려고 했다.

바레브스카 백작 부인은 낯선 이에게 팔메라이어를 집의 성실한 관리인으로 소개했다. 코카서스 사람 앞에서 팔메라이어는 침묵했다. 그는 손님을 한동안 배웅하고 돌아왔다. 돌아왔을 때 일생에 처음으로 그는 예리하게 가슴을 후벼 파는 아픔을 느꼈다.

그의 연인은 창가에 앉아 책을 읽고 있었다.

“당신은 그분을 만날 수 없습니다.” 팔메라이어가 말했다. “우리 피하도록 합시다.”

“나는 전부 다 말할 거예요.” 그녀가 반대했다. “기다리기로 해요.”

“당신은 내 아이를 가졌습니다.” 팔메라이어가 말했다. “불가능한 상황입니다.”

“그가 올 때까지 당신도 여기서 기다려요. 나는 그분을 알아요. 전부 다 이해해줄 거예요.” 여자가 말했다.

그 시간 이후 그들은 바레브스키 백작에 관해 다시는 아무 말도 하지 않았다. 그들은 기다렸다.

---

18 베오그라드. 1918년부터 2002년까지는 유고슬라비아의 수도였고, 그 후 2005년까지는 세르비아 몬테네그로 연방의 수도였다. 현재는 세르비아의 수도.

기다리고 있는데 어느 날 백작에게서 전보가 왔다. 그리고 저녁나절에 백작이 도착했다. 두 사람은 역으로 그를 마중 나갔다.

두 명의 역원이 그를 객실에서 안아서 내렸고 짐꾼이 그를 휠체어에 앉혔다. 백작은 노랗고 앙상하고 길쭉한 얼굴을 들어 아내를 바라보았다. 그녀가 몸을 굽혀 그에게 키스했다. 길고 퍼렇게 얼어붙은, 앙상한 두 손으로 그가 계속해서 두 개의 갈색 덮개로 발을 덮으려고 하는데 잘되지 않았다. 팔메라이어가 그를 도왔다.

팔메라이어가 백작의 얼굴을 바라보았다. 갸름하고 노란, 앙상한 얼굴에 콧날이 예리하고 눈이 맑았으며, 입술은 얇고 그 위에는 검은 콧수염이 늘어져 있었다. 많은 짐짝 중의 하나처럼 사람들이 그를 밀면서 플랫폼을 빠져나갔다. 부인이 그를 뒤따르고 팔메라이어는 앞서서 걸었다.

팔메라이어와 운전기사가 그를 들어서 차에 태웠다. 휠체어는 자동차 위에다 실었다.

사람들이 그를 들어서 별장으로 들어갔다. 팔메라이어가 머리와 어깨를, 하인이 두 다리를 잡았다.

"배가 고파." 바레브스카 백작이 말했다.

식사 준비를 하고 보니 백작은 혼자서 식사할 수 없었다. 부인이 그를 먹여 주었다. 무섭도록 조용한 식사 시간이 지난 후 취침 시간이 다가오자 백작이 말했다.

"졸려. 나를 침대에 눕혀 줘."

바레브스카 백작 부인과 하인과 팔메라이어가 백작을 침대가 마련된 위층의 그의 방으로 옮겼다.

"안녕히 주무십시오." 팔메라이어가 말했다. 그의 연인이 베개를 손보고 침대 가에 가서 앉는 것을 그는 보았다.

13

그 뒤 팔메라이어는 떠났다. 그에 관해 아무도 더 이상의 소식을 듣지 못했다.

* 갈리치아(독일어 갈라치엔)는 폴란드의 영토였으나 제2차 세계대전 이후 소비에트 연방의 영토가 되었고, 현재 서쪽 일부 지역은 폴란드에, 대부분은 우크라이나에 속한다.

리바이어던[19]

노벨레

1

예전에 소도시 프로그로디[20]에 산호 장수가 살았다. 정직함과 믿을 수 있는 좋은 상품으로 그는 주변에까지 이름이 알려졌다. 특별한 일로 장신구가 필요하면 농부의 아낙들은 멀리 떨어진 도시에서도 그를 찾아갔다. 가까운 곳에서 다른 상인을 찾을 수도 있지만, 거기서는 평범한 물건이나 싸구려 장식품밖에 없다는 것을 그들은 알고 있었다. 그래서 유명한 산호 상인 니센 피체니크를 만나기 위해서 그들은 때로 덜컹거리는 작은 마차를 타고 수 킬로미터를 달려갔다.

통상적으로 그들은 장이 서는 날에 왔다. 월요일에는 말

19 성서에 등장하는 바다 괴물.

20 우크라이나의 내륙에 있는 작은 마을로 추정됨.

(馬) 시장, 목요일에는 돼지 시장이 섰다. 남자들은 동물들을 꼼꼼히 살펴보면서 검사했고, 여자들은 여러 그룹으로 나뉘어 맨발에 장화를 어깨에 둘러멘 채로 흐린 날이면 번쩍이는 두건을 쓰고 니센 피체니크의 집으로 갔다. 그들은 목재를 깐 움푹한 보도(步道)에서, 상인이 사는 낡은 집의 널찍하고 서늘한 문간에서 딱딱한 맨발의 발바닥으로 조용하고 유쾌하게 발소리를 냈다. 아치형의 문간을 지나면 조용한 안마당이 나왔다. 거기에는 아무렇게나 놓인 포석(鋪石) 사이에 부드러운 이끼가 자라고, 따뜻한 계절에는 풀 한 가닥이 솟아났다. 이곳에서 피체니크의 암탉들이 농부의 아낙들을 맞이했는데, 암탉 앞에는 새빨간 산호만큼 붉고 당당한 볏을 단 수탉들이 있었다.

쇠막대가 달린 쇠문을 세 번 두드리면, 문에 난 작은 구멍으로 피체니크가 들어오려는 사람들을 내다본 다음에 빗장을 열어서 농부의 아낙들을 들어오게 했다. 거지, 떠돌이 가수, 집시, 춤추는 곰을 데리고 다니는 남자들한테는 창구멍으로 적선을 했다. 굉장히 조심해야 했다, 왜냐하면 넓은 거실과 부엌의 탁자마다 대, 중, 소 크기의 다양한 종류와 품종의 귀한 산호가 서로 섞여 있거나, 혹은 산호의 특징과 색깔에 따라 정리되어 놓여있기 때문이었다. 거지들을 모두 감시하려면 눈이 열 개라도 모자랄 지경이었다, 유혹에 약한 여자들을 가난이 죄인으로 만든다는 것을 피체니크는 알고 있었다. 부유한 아낙들 역시 훔쳤는데, 왜냐하면 여자들은 어렵지 않게 구매할 수 있는 장신구라 해도 위험을 감수하면서 몰래 가로채고 싶은 욕망에서 쉽사리 벗어나지 못했기 때문이다. 하지만 산호 상인은 단골한테는 감시의 눈을 질끈 감았다. 두세 번의 절도 행각은 그가 파는 상품의 값에 얹어서 계산했다.

그는 실을 꿰는 열 명 이상의 여자들을 고용하고 있었는데, 우수하고 확실한 눈과 섬세한 손을 가진 젊고 아름다운 아가씨들이었다. 그들은 기다란 탁자 앞에 두 줄로 앉아서 가느다란 바늘로 산호를 꿰어 올렸다. 그렇게 하면 예쁘고 고른 산호에 끈이 생겨서, 그 끝에는 아주 작은 산호가, 가운데는 커다랗고 화려한 산호가 매달렸다. 작업을 하면서 아가씨들은 노래를 불렀다. 그래서 여름에 덥고 푸른 화창한 날이면 안마당에는 기다란 탁자가 놓여 실을 꿰는 여자들이 탁자 앞에 앉고 그들의 여름 노래가 온 도시에 울려 퍼졌다. 그 노래는 창공에서 노래하는 종달새의 소리와 안마당에서 울어대는 귀뚜라미 소리를 집어삼켰다.

산호의 종류로 말하자면 일반인들이 진열창이나 상점에서 산호를 구경하면서 아는 것보다 훨씬 더 종류가 많다. 우선 연마한 것과 연마하지 않은 것, 테두리를 편편하게 깎은 것과 동그랗게 마무리한 것, 바늘 형과 철조망처럼 보이는 막

대기 형, 노랗게 반짝이는 것, 티로즈[21] 잎의 가장자리 같은 연분홍빛 산호, 분홍색, 벽돌색, 당근색, 진홍색, 그리고 마지막으로는 단단하고 둥근 핏방울처럼 보이는 산호도 있다. 또한 원형과 반원 모양의 산호가 있고, 조그만 통처럼 보이는 산호가 있는가 하면 원통처럼 보이는 것도 있고, 직선형, 사선형, 때로는 휘어진 산호도 있다. 별, 바늘, 갈래, 꽃 모양도 있다. 산호는 바다의 지하에 사는 귀한 식물로, 변덕스러운 바다 여신을 위한 장미이기 때문에 형태와 색이 여신들의 변덕만큼이나 다양한 까닭이다.

사람들이 알다시피 니센 피체니크는 개방된 상점을 갖고 있지 않았다. 그는 집에서 가게를 운영했다. 다시 말해서 그는 낮이고 밤이고, 여름이고 겨울이고 산호와 함께 살았다, 방이든 부엌이든 창문마다 안마당을 향하고 있는데 단단한 창살이 빽빽하게 처져 있어서, 집 안에는 바다 밑을 연상시키는 아름답고 신비스러운 어스름이 가득하여, 마치 그곳에서 산호를 거래하는 것이 아니라 재배하는 느낌이었다. 그랬다. 자연의 특이하고 고의적인 변덕 탓에 니센 피체니크, 산호 상인, 구릿빛 염소수염을 한 붉은 머리의 유대인은 불그레한 해조(海藻)류를 연상시켰고, 전체적인 모습은 바다의 신과 매우

21 아주 연한 분홍빛 장미.

흡사해 보였다. 마치 그 자신이 그가 거래하는 산호를 창조하고 싶고 수확하려는 것처럼 보였다. 상품과 그의 외모 사이의 관계가 너무나도 강해서 프로그로디 도시에서는 사람들이 그를 이름으로 부르는 것이 아니라 세월이 흘러감에 따라 이름을 잊어버리고 직업으로 그를 불렀다. 예컨대 저기 산호 상인이 온다, 는 식이었다. 마치 온 세상에 산호 상인이 그 사람밖에 없는 것 같았다.

실제로 니센 피체니크는 산호를 가족같이 사랑하고 있었다. 읽을 줄도 쓸 줄도 모르는 그는 학문과는 완전히 거리가 멀었는데 왜냐하면 한 번도 학교를 가본 적이 없어서 이름만 억지로 그릴 수 있을 뿐이었다. 그는 산호를 식물이 아니라 살아있는 동물, 작고 빨간 일종의 바다 동물로 생각했는데 어떤 해양학 교수도 그에게 더 나은 지식을 주입할 수가 없었다. 그렇다, 피체니크에게 산호는 자르고 토막 내고 깎고 분류해서 실에 꿰어도 아직도 살아 있었다. 그리고 그의 말은 맞을 것이다. 왜냐하면 그는 발그스름한 산호 줄이 병든, 혹은 허약한 여자들의 가슴에서는 색이 바래는 반면 건강한 여자들의 가슴에서 광채를 그대로 유지하는 것을 두 눈으로 봤기 때문이다. 오랫동안 산호거래 사업을 하는 동안 붉은색에도 불구하고 좀 바랜 듯한 산호가 서랍 속에서 점점 더 색이 바래지다가 아름답고, 젊고 건강한 아낙의 목에 걸리게 되면 마치 아낙의 피에서 영양을 취한 것처럼 갑자기 빛을 발하는 것을 그는 종종 보았다. 가끔 상인에게 산호 줄을 되팔려고 가져오는 사람들이 있었는데, 그는 전에 꿰어서 묶은 작은 산호를 보고 그것을 목에 걸었던 여자가 건강한지 혹은 허약한지 금방 알 수 있었다.

그는 산호에 관해 아주 특이한 자신만의 이론을 가지고 있었다. 그의 견해에 따르면 산호는 앞서도 말했지만, 바다 동물인데, 상어한테 공격을 당하거나 잡아먹히지 않도록 현명하고 겸손하게 나무와 풀 사이에서 지낸다는 것이었다. 산호의 꿈은 잠수부들이 따서 지구의 표면으로 들고 나가서 자르고 깎고 실에 꿰어져서 마지막으로 생존의 원래 목적을 이루는 것, 즉 아름다운 아낙들의 장신구가 되는 것이었다. 여기, 여자들의 희고 건강한 목에서 산호는 활기찬 동맥과 친한 이웃이 되고, 여자들 마음과 자매가 되어 되살아나서 광채와 아름다움을 획득하고, 타고난 마력을 발휘해서 남자들을 매혹하고 남자들에게 사랑의 욕망을 일깨웠다. 노(老) 신이신 여호와께서 모든 것을, 땅과 짐승, 바다와 바닷속 생물을 손수 창조하셨다. 하지만 신께서는 잠시 물속의 저 밑바닥에서 선회하는 리바이어던에게 메시아가 오실 때까지 짐승들과 바다 생물들, 특히 산호를 다스리는 일을 맡기셨다.

이 이야기를 들으면 상인 니센 피체니크가 일종의 괴짜로 알려져 있으리라고 생각될지 모른다. 하지만 전혀 그렇지 않았다. 피체니크는 프로그로디 도시에서 눈에 띄지 않게, 소박한 사람으로 살았다. 산호나 리바이어던에 관한 그의 이야기는 그 분야, 즉 그의 사업, 다시 말해 직물 장수가 맨체스터 천을 독일의 무명과 구별하고, 차(茶) 장수가 유명한 포포프 사[22]의 러시아 차를 런던의 유명한 립턴 차와 구별할 줄 아는 만큼 잘 아는 어떤 사람이 전한 이야기일 뿐이다. 프로그로디와 그 주변의 주민들은 산호가 살아있는 동물이고, 시조(始祖) 물고기인 리바이어던이 산호가 자라고 행동하는 것을 바다 밑에서 감시하고 있다고 믿었다. 니센 피체니크가 직접 한 말이기 때문에 의심이 있을 수 없었다.

실 꿰는 아름다운 여자들은 때로는 밤늦게까지 일했고, 자정까지 피체니크의 집에서 일하기도 했다. 여자들이 돌아가고 나면 상인은 돌, 아니 동물을 가지고 일을 시작했다. 우선 아가씨들이 만들어 놓은 끈을 검사하고 분류하지 않은, 혹은 종류와 크기에 따라 분류해 놓은 산호를 세어보고, 분류한 다음에 불그스름한 털이 난 강하고 예민한 손가락으로 산호를 하나씩 만져보고 닦고 쓰다듬기 시작했다. 산호는 부분 부분 전혀 쓸모없는 구멍이 난 것도 있었다. 무심한 리바이어던이

---

22 페테르부르크의 유명한 홍차 회사.

제대로 지켜보지 못한 것이었다. 구멍의 가장자리를 손질하기 위해서 니센 피체니크는 촛불에 불을 밝히고 초가 뜨거워져서 흐를 때까지 붉은색 왁스를 불꽃 위에 들고 있다가 바늘끝을 왁스에 담가서 가느다란 바늘로 벌레가 돌을 파먹은 것을 조심스럽게 메꾸었다. 이 일을 하면서 그는 머리를 가로저었는데, 여호와 같은 전능한 신께서 리바이어던처럼 경솔한 물고기한테 산호 돌보는 일을 맡긴 것을 이해할 수 없었기 때문이다.

때로 순전히 돌에 대한 기쁨에서 그는 날이 밝아서 아침 기도 시간이 될 때까지 산호를 손수 실에 꿰기도 했다. 그 일은 전혀 피곤하지 않았다. 그는 조금도 힘든 것을 몰랐다. 아내는 아직도 이불을 덮은 채 자고 있었다. 그는 아내에게 잠깐 무관심한 시선을 보냈다. 그는 아내를 미워하지도 사랑하지도 않았다. 그녀는 그의 집에서 일하는 실 꿰는 많은 여자 중의 하나로, 대부분의 여자보다 덜 예쁘고 덜 매력적이었다. 결혼한 지 10년이 되었는데, 아직도 아이를 낳지 못했다. 그것이 유일한 그녀의 숙제였을 것이다. 바닥에 수많은 산호가 자라는 바다처럼 그는 수확이 많은 여자가 필요했을 것이다. 하지만 그의 아내는 메마른 연못 같았다. 실컷 잠이나 자라, 혼자서 얼마든지 자라! 계율은 이혼을 허용할 터이지만, 그렇게 지내는 동안 그는 자식도 여자도 관심이 없어졌다. 그는 산호를 사랑했다. 그의 마음속에는 알 수 없는 향수가 있었다. 무어라고 확실하게 말할 자신은 없지만 깊은 대륙의 한가운데서 태어나고 자란 니센 피체니크는 바다를 그리워했다.

그렇다, 그는 물 밑에서 산호가 자라는, 그가 믿기로 산호가 자란다기보다는 물밑에서 떠돌고 있는 바다를 그리워했다. 자신이 품고 있는 그리움에 관해 세상천지 어디에도 이야기를 나눌 사람이 없기에 그는 마치 바다가 산호를 품고 있듯이 그리움을 혼자 품었다. 그는 기선, 잠수부들, 선장들, 뱃사람들에 관해 이야기를 들었다. 그의 산호는 잘 포장된 상자에 담겨 바닷냄새를 풍기며 오데사,[23] 함부르크, 트리어[24] 같은 곳에서 왔다. 사업상의 서신 왕래는 우체국의 공중 필경사가 해결해 주었다. 편지 봉투를 뜯기 전 그는 원거리의 발신인들이 보낸 편지의 화려한 우표를 자세히 들여다보았다. 평생 그는 한 번도 프로그로디를 떠나본 적이 없었다. 그 작은 도시에는 강도, 연못도 늪도 없었다. 녹색 지표면 아래서 물이 흐르는 소리는 좀 들릴지 몰라도 물은 보이지는 않았다. 니센 피체니크는 늪의 숨어있는 물이 거대한 바다의 물과 비밀스러운 연관이 있을 것으로 생각했고, 저 아래 늪 속에도 산

23 현재 우크라이나에 속하는 항구 도시.

24 룩셈부르크와 가까운 독일의 항구 도시.

호들이 살지 모른다고 생각했다. 자기가 이런 말을 하면 도시의 조롱거리가 되리라는 것을 그는 알고 있었다. 그래서 입을 다물고 그런 생각을 입 밖에 내지 않았다. 종종 그는 큰 바다—지도를 한 번도 본 적이 없어서 어떤 바다인지는 알 수 없었는데, 그에게는 세상의 모든 바다가 그냥 큰 바다일 뿐이었다.—가 어느 날 범람하여 그가 사는 러시아의 절반까지 범람하는 꿈을 꾸었다. 그렇게 되면 그가 가보지 못할 것 같은 바다가, 바닥에 거창한 리바이어던이 있고 달콤하고 떫고 짭짤한 비밀을 가진 거대한 미지의 바다가 그를 찾아올 터였다.

프로그로디 도시에서 일주일에 세 번 기차가 서는 작은 역까지 늪 사이로 길이 나 있었다. 산호 우편물이 없는 날에도, 기차가 오지 않는 날에도 언제나 니센 피체니크는 역으로, 다시 말해서 늪으로 갔다. 늪의 가장자리에 한 시간 이상 서서 그는 개구리들이 꽉꽉 대는 소리를 마치 개구리들이 늪 바닥의 생활에 대해 보고하는 것처럼 생각에 잠겨 귀를 기울였고, 실제로 여러 가지 보고를 받았다. 겨울이 되어 늪이 얼면 그는 한쪽 발로 늪을 디뎌 보았는데, 그것은 특별한 즐거움을 주었다. 늪의 부패한 냄새 속에서 그는 거대한 바다의 강렬한 냄새를 맡았고, 지하수의 나지막하고 조심스럽게 골골 흐르는 소리는 청력 좋은 그의 귀에 거대한 청록색 파도가 넘실대는 소리로 들렸다. 하지만 프로그로디 도시에서는 아무도 산호 장수의 내면에서 무슨 일이 일어나고 있는지 알지 못했다. 모든 유대인이 피체니크를 자기네와 같은 사람으로 생각했다. 이 사람은 옷감 장수이고 저 사람은 석유 장수였다. 어떤 이는 기도용 숄을, 다른 사람은 밀랍 초와 비누를, 세 번째 사람은 농부 아낙들이 쓰는 스카프와 포켓용 칼을 팔았다. 어떤 이는 아이들에게 기도하는 법을 가르쳤고 다른 사람은 계산법을, 세 번째 사람은 크바스 술, 옥수수, 삶은 마마 콩을 팔았다. 그리고 이들 모두에게 니센 피체니크는 산호를 팔 뿐이지 자기네들과 같은 사람이었다. 하지만 그는 알다시피 진짜 괴짜였다.

2

그에게는 가난한 손님과 부자 손님, 단골손님과 뜨내기손님이 있었다. 근처에 사는 농부 두 사람이 부자 손님이었다. 그중 한 사람이 홉[25]을 재배하는 티몬 세묘노비치인데, 매년 뉘른베르크, 자츠, 유덴부르크 같은 데서 중개인이 올 때마다 신나게 많은 계약을 체결하였다. 또 한 농부는 이름이 니키타 이바노비치였다. 그에겐 딸이 8명 이상이 있어서, 한 명씩 결

25 뽕나무 과의 덩굴 풀로 맥주 양조에 쓰인다.

혼할 때마다 산호가 필요했다. 지금까지 딸 네 명이 결혼했는데, 짝만 지어주고 나면 두 달 만에 아이를 낳았다. 그중에도 또 딸이 있어서 이 손녀들을 사악한 눈길에서 벗어나도록 하기 위해서 갓난아이 때부터 또 산호가 필요했다. 이 두 집 안사람들이 니센 피체니크한테 최고의 손님이었다. 산호 장수는 두 농부의 딸들과 손자, 사위들을 위해서 손수 만든 좋은 독주(毒酒)를 준비해서 서랍에 넣어두었는데, 그건 개미, 말린 해면, 파슬리, 용담[26]을 넣은 것이었다. 일반적인 다른 고객들은 시중에서 구매한 보통 보드카면 충분했다. 그 지역에선 술이 없으면 제대로 된 거래가 아니었다. 판매자와 구매자는 두 사람의 사업이 번창하기를, 복이 있기를 기원하면서 술을 마셨다. 담배 역시 산호 장수의 집에서는 신선함을 유지하도록 눅눅한 압지를 덮어 창문 앞에 잔뜩 쌓아 놓았다. 왜냐하면 니센 피체니크를 찾아오는 고객들은 단순히 상품을 사서 돈을 지불하고 물건을 가져가려고 온 사람들이 아니었다. 대부분 고객은 엄청나게 먼 거리를 마다하지 않고 온 사람들로 단순한 고객이 아니라 니센 피체니크의 손님이기도 했다. 그는 손님들에게 술과 담배를 내놓고 때로는 음식까지 대접

26 용담의 꽃은 자주색 또는 노란색으로 8~10월에 핀다. 대개는 굵은 수염뿌리를 말린 것을 용담이라 하는데 매우 쓴 맛이 난다. 달여서 건위제로 많이 쓰인다.

했다. 그의 아내는 양파를 넣은 카샤[27]와 크림을 넣은 보르시[28]를 만들고, 석쇠에 사과나 감자를 굽고 가을에는 밤을 구웠다. 그래서 고객은 그냥 고객이 아니라 니센 피체니크의 손님이기도 했다. 때로는 마음에 맞는 산호를 구하러 온 농부의 아낙들이 실 꿰는 여자들의 노래에 함께 어울렸다. 그들은 모두 함께 노래를 불렀고 니센 피체니크까지 노래에 화음을 넣었다. 그의 아내도 수저로 박자를 맞추며 음식을 저었다. 그러다가 시장이나 술집에서 농부들이 아내를 데리러 오거나 산 물건의 값을 내려고 오면 산호 장수는 농부들과 화주나 차를 마시고 담배를 피웠다. 오래된 고객이라면 누구나 산호 장수에게 마치 형제에게 하듯 키스를 했다.

일단 취했다 하면 모든 선량하고 정직한 남자들은 우리의 형제였고, 여자들 모두를 우리의 자매로 사랑했다. 그리고 농부와 상인, 유대인과 기독교인 사이에는 차별이 없었다. 그 반대되는 주장을 하려는 자에게 화 있으라.

---

27 메밀에 우유 등을 넣은 시리얼 같은 것.

28 사탕무를 넣고 끓여 강한 붉은색을 띠는 수프.

3

프로그로디 도시의 사람들은 아무도 눈치 채지 못했지만, 매번 새해가 될 때마다 니센 피체니크는 자신의 평화로운 삶이 불만족스러웠다. 산호 장수 역시 모든 유대인과 마찬가지로 매일 아침과 저녁 두 번 교회당에 가고 축일을 지키고 금식일에는 금식하고 성구상[29](聖句箱)을 걸치고 기도복을 입었으며 상체를 흔들고[30] 사람들과 이야기를 나누고 정치에 관해서, 러일 전쟁과 신문에 난 세상을 움직이는 모든 일에 관해 이야기를 나누었다. 하지만 산호의 고향인 바다에 대한 그리움을 그는 항상 가슴속에 간직했고, 프로그로디로 일주일에 두 번 오는 신문은 그가 읽을 줄 모르기 때문에 바다에 관한 소식 몇 개를 남들더러 읽어 달라고 부탁했다. 산호에 대해서와 마찬가지로 그는 바다에 대해서도 아주 특이한 생각을 하고 있었다. 그래도 그는 이 세상에는 바다가 여럿이고, 원래의 진짜 바다는 아메리카로 갈 때 건너는 바다라고 생각했다.

그러던 어느 날 3년 전에 징집되어서 수병(水兵)이 된 옷감

---

29 토라 구절을 적은 양피지 두루마리를 넣은 작은 가죽 상자로, 아침 기도 때 몸에 걸친다.

30 유대교에서는 상체를 흔들면서 기도문을 외운다.

장수 알렉산더 콤로버의 아들이 단기 휴가를 받아 돌아왔다. 콤로버 아들이 돌아왔다는 소식을 듣자마자 산호 장수는 그의 집으로 찾아가 수병에게 배, 바다, 바람의 여러 비밀에 관해 캐어물었다.

프로그로디의 온 세상 사람들은 콤로버의 아들이 단지 무식해서 위험한 바다로 끌려갔다고 믿었지만 산호 장수만은 그 수병을 산호에 대해 많은 지식을 가지게 된, 명예와 행운을 얻게 된 복 받은 청년, 산호 전문가로 생각했다. 사람들은 45살의 니센 피체니크가 22살의 콤로버와 서로 팔짱을 끼고 도시의 광장을 몇 시간씩 배회하는 것을 보았다. 콤로버하고 뭘 하지, 라고 사람들은 의아해했다. 도대체 이 사람이 나한테 무슨 생각이 있는 거지, 라고 청년 역시 생각했다.

청년이 프로그로디에서 지낼 수 있는 휴가 내내 산호 장수는 거의 그의 곁을 떠나지 않았다. 젊은이에게는 예컨대 어르신의 다음과 같은 질문이 이상하게 들렸다.

"망원경으로 바다의 바닥까지 볼 수 있는가?"

"못 봅니다." 수병이 말했다. "망원경은 멀리 보는 것이라 깊은 곳은 못 봅니다."

"그렇다면," 니센 피체니크가 계속 물었다. "수병은 바다의 바닥까지 들어갈 수 있나?"

"아뇨." 콤로버 아들이 말했다. "아마 익사하면 바다 밑바닥에 가라앉겠죠."

"선장도 그건 못 하나?"

"선장도 그건 못합니다."

"자네 잠수부를 본 적 있는가?"

"여러 번 봤습니다." 수병이 대답했다.

"바다의 동물하고 식물들이 때로 표면에까지 올라오나?"

"물고기하고 고래만 그렇습니다. 그런데 고래는 원래 물고기가 아닙니다."

"바다가 어떻게 생겼는지 나한테 설명 좀 해주게." 니센 피체니크가 말했다.

"온통 물입니다." 수병 콤로버가 말했다.

"그럼 커다란 대륙 같겠군. 예를 들어 집이 한 채도 없는 넓은 평야 말이야."

"네, 그 정도로 넓습니다. 아니 그 이상 넓어요." 젊은 수병이 말했다. "선생님 말씀처럼 마치 광활한 평야처럼 넓습니다. 여기저기에 집 한 채가 보이는데, 그건 거의 드문 일입니다. 그리고 그건 집이 아니고 배입니다."

"자네 잠수부를 본 적 있나?"

"우리 해군에는 잠수부가 있습니다. 하지만 잠수부들은 진주나 굴, 산호를 캐려고 잠수하지 않습니다. 그건 군사 작전입니다. 예를 들어서 전함이 침몰한 경우 귀한 기계나 무기 같은 것을 꺼내 와야 하는 경우가 있습니다."

"이 세상에는 바다가 몇 개나 될까?"

"그건 말씀드릴 수가 없습니다." 수병이 대답했다. "교육 시간에 배웠는데 제가 별로 주의를 기울이지 않았거든요. 제가 아는 것은 발트해, 동해,[31] 흑해, 태평양 정도입니다."

"어느 바다가 제일 깊은가?"

"모르겠습니다."

"산호는 대개 어디에 있지?"

"그것도 모르겠어요."

"흠, 흠." 산호 장수가 대꾸했다. "그걸 모른다니 유감이군."

프로그로디 시의 변두리에 점점 주택이 뜸해지다가 결국 집이 한 채도 없는, 역으로 가는 넓고 구부러진 길이 시작되는 곳에 포조르체브스 술집이 있었는데, 불빛이 흐릿한 실내로 농부들, 일용직 노동자, 군인들, 분별없는 처녀들, 별 볼일 없는 젊은이들이 이곳에 모여들었다. 어느 날 그곳에 산호 장수 피체니크가 수병 콤로버와 함께 들어왔다. 독한, 진홍색의 벌꿀술[32]하고 소금에 절인 완두콩이 나왔다. "마시게, 젊은

31 발트해의 다른 이름.

32 벌꿀을 발효시킨 양조주로 밤 꿀, 아카시아 꿀, 오렌지나무 꿀 등을 섞은 것, 향신료를 섞은 것 등 종류가 다양하다. 미드(영어)로 불리기도 한다.

이. 마시고 어서 잊어, 젊은이."라고 니센 피체니크가 아버지처럼 수병에게 말했다. 수병은 열심히 먹고 마셨는데, 젊기도 하지만 이미 항구에서 많은 것을 배운 까닭이었다. 벌꿀술 뒤에는 형편없는 시큼한 포도주가 나왔고, 포도주 다음에는 90도짜리 독주가 나왔다. 벌꿀술을 마시는 동안 그가 너무도 조용했기 때문에 산호 장수는 바다에 관해서 다시는 이야기를 듣지 못하게 되었고, 그대로 바다에 대한 지식이 끝나게 될까봐 두려웠다. 포도주 이후 콤로버 아들은 술집 주인 포조르체브스와 이야기를 시작했고, 90도 독주가 나오자 진짜 수병답게 큰소리로 노래를 연달아 불렀다. "자네, 우리 도시 태생이야?" 주인이 물었다. "그럼요, 이 도시의 아들입니다. 아름다운 나의, 우리의 도시 태생입니다." 마치 자신이 굼뜬 유대인 콤로버의 아들이 아니라 제대로 된 청년 농부인 것처럼 수병이 말했다. 몇 명의 놈팡이와 떠돌이들이 니센 피체니크와 수병의 옆 탁자에 앉아있었는데, 젊은이는 청중을 쳐다보면서 묘한 위엄을 느꼈다. 해군 장교나 가질 수 있다고 생각하던 그런 위엄이었다. 그래서 그가 사람들을 부추겼다. "물어보세요, 아저씨들, 어서 물어보세요. 뭐든지 다 대답해드릴 수 있습니다. 보세요, 여기 이 삼촌을 여러분은 아마 잘 아실 겁니다. 이 세상 최고의 산호 상인이십니다. 이분께 나는 이미 여러 가지를 얘기해 드렸습니다." 니센 피체니크는 고개를 끄

덕였다. 이 기이한 모임이 불편해서 그는 벌꿀술을 계속 마셨다. 그러자 그가 항상 문구멍으로만 내다보던 이들의 이상한 얼굴이 서서히 마치 자신의 얼굴처럼 인간적으로 보이기 시작했다. 그래도 조심성과 불신이 가슴 깊이 자리 잡고 있어서 그는 마당으로 나가서 은전이 들어있는 주머니를 모자 속에 숨겼다. 자신의 기발한 생각과 모자 속에 돈주머니를 숨겨 머리 위에 얹고 얻은 안도감의 무게에 만족해서 그는 다시 술집 안의 탁자 곁으로 돌아왔다.

그는 자신이 왜, 그리고 무엇 때문에 수병하고 이곳 술집에 불편한 무리들과 어울려 앉아있는지 알 수 없다고 생각했다. 평생 평범하게 눈에 띄지 않게 살아왔고, 산호와 산호의 고향, 바다에 대한 비밀 사랑을 수병이 나타날 때까지, 그리고 이 순간까지 아무한테도, 한 번도 밝힌 적이 없었다. 니센 피체니크를 굉장히 놀라게 한 일이 또 있었다. 시각적으로 생각하는 것이 전혀 익숙하지 않은 그가 한순간 바다와 바다의 위아래에 사는 것, 그곳에서 일어나는 온갖 일이 마치 바다 밑에 사는 귀하고 이상한 그곳 토박이 동물 하나가 가끔 알 수 없는 이유에서 갑자기 물 표면으로 올라오듯 자기 삶의 표면으로 올라온 느낌을 받은 것이다. 아마도 익숙하지 않은 벌꿀술과 수병의 이야기로 인한 산호의 판타지가 그의 내면에 있던 이런 형상을 일깨웠는지도 모른다. 하지만 그는 자기한테 그런 미친 것 같은 생각이 들었다는 것에, 그뿐만 아니라 자신이 술집에서 어수선한 무리들과 한 탁자에 앉아있다는 사실에 갑자기 기분이 정말로 이상해졌다.

이런 놀라움과 공포는 하지만 그의 의식의 표면 아래에서 동시에 일어난 것이었다. 그동안에도 그는 열심히 콤로버 수병의 믿을 수 없는 이야기에 기분 좋게 귀를 기울이고 있었다. “자네 무슨 배에서 근무했지?” 같은 테이블의 친구가 물었다. 콤로버는 잠시 생각을 가다듬었다. 그 배의 이름은 19세기 어느 유명한 제독의 이름을 딴 것이었는데, 순간 그는 그 이름이 마치 자신의 이름만큼이나 흔하게 생각되었다. 그래서 콤로버는 한번 멋지게 대답하기로 작정하고 이렇게 대답했다. “제 순양함의 이름은 어머니 카타리나입니다. 여러분들, 누군지는 아시나요? 물론 모르시겠지요. 제가 얘기해 드리겠습니다. 카타리나는 러시아 전체에서 가장 아름답고 부유한 여성이었어요. 황제는 모스크바의 크렘린 궁전에서 어느 날 그녀와 결혼을 하고 썰매에다 태웠어요. 40도의 혹한이었는데 6두 마차로 곧장 차르스코에세로[33]로 왔습니다. 두 사람 뒤로 수행원 전체가 썰매로 따라왔는데, 숫자가 엄청 많아서 전체 국도가 사흘 밤낮으로 막혔어요. 그런데 이 화려한

33 현재 이름 푸시킨으로, 페테르부르크에서 남쪽으로 25㎞ 떨어져 있다.

혼례식 일주일 후 난폭하고 못된 스웨덴의 왕이 페테르부르크로 우스꽝스러운 목선(木船)에다 수많은 군인을 태우고 나타났습니다. 스웨덴 사람들은 육지에서 용맹하기 때문에 이 스웨덴 왕은 러시아 전체를 정복하려 했습니다. 왕비 카타리나는 지체 없이 배에, 내가 근무한 그 순양함에 승선해서 직접 스웨덴 왕의 몹쓸 목선에 공격을 가해 침몰시켰습니다. 왕은 구명대를 던져 사로잡았습니다. 그의 눈을 뽑아서 그것을 먹었는데 그 덕택에 전보다 더 현명해졌습니다. 눈이 없는 왕은 시베리아로 쫓아 보냈습니다."

"아이고 맙소사" 그러자 건달 한 명이 말하면서 뒤통수를 긁었다. "난 도저히 그 말을 다 믿지 못하겠어."

"그렇게 말씀하신다면 말입니다," 수병 콤로버가 말을 막았다. "제국 러시아 해군을 모욕하는 것이니, 나는 당신을 내 총으로 쏴버리지 않을 수 없어요. 이 이야기는 전부 다 내가 교육 시간에 들은 것이라는 것을 아셔야 합니다. 각하께서, 우리들의 보로쉔코 선장께서 우리한테 해주신 말씀입니다."

모두 벌꿀술하고 여러 종류의 독주를 마셨고, 산호 장수 니센 피체니크가 지급했다. 남들만큼은 아니지만, 그 자신도 몇 잔을 마셨다. 그가 젊은 수병 콤로버와 팔짱을 끼고 길로 나왔을 때, 마치 길 한가운데에 강이 있고 위아래로 파도가 치고 흐릿한 석유등이 등대인 것처럼 보였다. 그는 물에 빠지지 않으려고 길가에 바싹 붙어 앉아야만 했다. 청년은 무섭게 비틀거렸다. 평생, 어린 시절부터 니센 피체니크는 매일 저녁 규정에 따라 저녁기도를 한번은 어스름에, 또 한 번은 깜깜해질 때 해왔다. 그날 그는 처음으로 이 두 번의 기도를 빼먹었다. 별들이 하늘에서 책망하듯이 그를 내려다보았고 그는 감히 시선을 들어 바라볼 수가 없었다. 집에서는 아내와 저녁 식사가 그를 기다리고 있었다. 오이, 양파를 넣어서 버무린 무, 검은 빵, 크바스[34] 한 잔, 그리고 더운 차였다. 그는 다른 누구보다도 스스로에게 부끄러웠다. 종종 비틀거리는 무거운 청년의 팔짱을 끼고 다니다 보면 그는 마치 자기 자신과 만나는 것처럼, 산호 장수 니센 피체니크가 산호 장수 니센 피체니크를 만나는 것 같았다. 그럴 때면 이쪽 피체니크가 저쪽 피체니크를 비웃었다. 그는 언제나 다른 사람 만나는 것을 피했고, 그 일은 성공이었다. 하지만 그는 젊은 콤로버를 집으로 따라가 집의 어른들이 앉아있는 방으로 함께 가서 말했다. "이 애를 꾸짖지 마십시오. 제가 술집에 데리고 갔습니다. 저 애는 별로 안 마셨습니다."

"자네, 산호 장수 니센 피체니크가 저 애랑 술집에 갔다

34 크바스는 호밀과 보리를 발효시켜 만든 러시아의 전통적인 음료로, 우크라이나, 동유럽에 널리 퍼져 있다.

고?" 아버지 콤로버가 말했다.

"그렇습니다. 제가 갔습니다." 피체니크가 말했다. "안녕히 계십시오." 그러고 나서 그는 자기 집으로 갔다. 실을 꿰는 아름다운 여자들은 아직도 기다란 네 개의 탁자 앞에 앉아 노래를 부르면서 부드러운 손에다 가는 바늘을 들고 산호를 꿰고 있었다.

"차 얼른 갖다 줘." 니센 피체니크가 아내에게 말했다. "일을 해야겠어."

차를 마시고 그가 아직 분류하지 않은 커다란 산호 더미에 뜨거운 손가락을 넣어 분홍빛의 안락한 냉기 속을 파헤칠 때 그의 초라한 마음은 거대한 바다의 술렁이는 넓은 파도 위를 방황하고 있었다.

머릿속은 달아오르고 지끈거렸다. 하지만 그는 정신을 차려 모자를 벗고 돈지갑을 꺼내서 그것을 다시 가슴 속에다 숨겼다.

4

이제 수병 콤로버가 다시 순양함으로, 오데사[35]로 돌아가

---

35 흑해에 접한 항만 도시로 당시 소비에트 연방에, 현재는 우크라이나에 속한다.

야 하는 날이 다가왔다. 산호 상인은 마음이 아프고 괴로웠다. 프로그로디 전체에 청년 콤로버가 유일한 수병인데, 도대체 그가 언제 다시 휴가를 올 수 있을지 알 수 없는 일이었다. 일단 그가 가버리면 세상의 바다에 관해서 우연히 신문에서 읽을 수 있는 것을 제외하고 어디서도 이야기를 들을 기회가 없었다.

늦은 여름이었고 화창한 날이었다. 구름도 없고, 비도 내리지 않고 여전히 볼히니아[36] 평원에서 따스한 바람이 불어와 활기가 도는 서늘한 날이었다. 2주만 지나면 수확이 시작될 터여서 이제 농부들이나 마을 사람들은 니센 피체니크한테 산호를 사려고 장날에 나오지 않았다. 이때가 산호의 성수기였다. 이즈음이면 여자 고객들이 무리를 지어 찾아왔고, 산호를 실에 꿰는 작업이 수요를 따라갈 수 없기 때문에 실을 꿰고 분류하는 일이 밤새도록 진행되었다. 격자 창살이 있는 피체니크의 창문으로 지는 해가 황금빛 이별의 인사를 보내고, 쓸쓸하면서도 위안을 담은 빛을 받아 더욱 생기가 도는 다양한 종류와 색깔의 산호 더미가 마치 돌멩이마다 섬세한 구멍에 작은 빛을 담은 것처럼 빛을 발하기 시작하면 농부들

---

36 볼히니아는 현재 우크라이나 서부지역으로, 동쪽의 프리퍄티 강과 서쪽의 부흐 강 사이에 있다.

은 아내를 데려가기 위해서 신이 나서 찾아왔다. 은화와 동화(銅貨)가 가득한 파란, 붉은 손수건을 가진 아낙들은 안마당의 돌 위에서 요란한 소리를 내는 징이 박힌 무거운 장화를 신고 있었다. 농부들은 오랫동안 보지 못했던 친구를 수십 년 만에 다시 만난 것처럼 니센 피체니크를 포옹하고, 입 맞추고, 웃고 울면서 인사했다. 그들은 피체니크에게 호의를 가졌고, 말이 없고 키 큰 붉은 머리의 성실하고 도자기처럼 푸른, 때로는 꿈꾸는 듯한 눈동자를 가진 이 유대인을 사랑하기까지 했다. 그 눈에는 성실함, 사업의 정직성, 전문가의 현명함, 그리고 동시에 한 번도 프로디로디 도시를 떠나본 적이 없는 사람의 어리석음이 담겨 있었다. 농부들과 잘 지내기는 쉽지 않았다. 왜냐하면 산호 상인을 그들은 이 지역에서 흔하지 않게 정직한 사람으로 생각하지만 그래도 역시 유대인이라고 생각하기 때문이었다. 그리고 그들은 흥정하는 것이 재미도 있었다. 그들은 일단 의자에, 커다란 쿠션이 잔뜩 쌓여있는 목재로 만든 커다란 부부 침대 사이의 소파로 가서 편안하게 자리를 잡았다. 장화를 그냥 신고 있는 사람들도 있는데, 장화의 가장자리에는 은회색 진흙이 묻어 있었고 침대, 소파, 바닥도 마찬가지였다. 커다란 삼베 바지 주머니, 또는 창턱의 보관 장소에서 그들은 연초를 가져다가 방바닥에 흩어져있는 헌 신문의 하얀 귀퉁이를 찢어 담배를 말았는데, 그들 중에는 부자도 있지만, 담배종이는 사치라고 생각했기 때문이었다. 싸구려 연초와 거친 담배종이의 독하고 푸른 연기가 산호 상인의 방을 가득 채운 후, 황금빛 햇살을 받아 작은 구름이 되더니 격자를 두른 열린 창문을 지나 천천히 거리로 흘러나갔다. 방 한가운데 놓인 탁자 위에는 두 개의 구리 사모바르에 더운물이 끓고 있었는데, 거기에도 지는 해가 반사되었다. 이중 바닥의 싸구려 녹색 유리잔이 쉰 개 이상 손에서 손으로 전해졌고, 그 잔에는 김이 나는 갈색 차와 독주가 가득 담겨있었다. 일찍부터, 이미 오전부터 농부의 아낙네들이 몇 시간에 걸쳐서 산호 목걸이의 가격을 흥정했다. 이제는 남자들이 장식품이 너무 비싸다고 다시 값을 깎기 시작했다. 깡마른 유대인 혼자서 많은 숫자의 욕심 많고, 의심 많고, 힘세고, 종종 위험할 정도로 술 취한 남자들에 맞서는 일은 힘든 싸움이었다. 니센 피체니크가 집에서 쓰는 검정 실크 모자 아래로 땀이 빰 위로 주근깨가 드문드문 있는 붉은 턱수염까지 흘러내려 수염이 서로 엉겨 붙을 지경이 되었다. 저녁에, 싸움이 끝난 후에 쇠 빗으로 수염을 빗질해야 할 정도였다. 어리석긴 하지만 그래도 그는 결국 모든 고객을 이겼다. 왜냐하면 이 넓은 천지에서 오직 그만이 산호와 자기 고향의 농부들에 관해서, 산호를 어떻게 실에 꿰고 분류하며 농부들을 어떻게 설득해야 하는지 잘 아는 까닭이었다. 어쩔 수 없는 고집불통 고객들에게 그는 소위 "덤"을 주었다. 즉 처음부터 부르지 않았지만, 마음속으로 생각한 가격을 그들이 지불하고 나면 그는 값싼 돌로 만든 간단한 산호 목걸이를 못된 이웃이나 나쁜 마녀의 악의에 찬 시선을 막도록 아이들의 손목이나 목에 걸어주라고 내주었다. 그럴 때마다 그는 고객의 두 손에 신경을 쓰면서 언제나 내어줄 산호 뭉치의 높이와 부피를 따져보았다. 아, 그건 결코 쉬운 싸움이 아니었다!

그런데 그해 늦여름 니센 피체니크는 산만하고 멍하게 보였다. 고객이나 장사에 관심이 없었다. 그가 말이 없고 별난 성격인 것을 수년 전부터 잘 아는 착한 아내는 그가 산만한 것을 보자 잔소리를 했다. 그는 산호 한 다발을 너무 헐값에 파는가 하면, 소소한 도둑질을 알아보지 못했고, 오늘은 오랜 단골에게 덤 주는 것마저 잊었다. 반면 어제는 새로 온 뜨내기손님한테 굉장히 귀한 목걸이를 선물했다. 지금껏 피체니크의 집에서 말다툼이라고는 없었는데, 요즘 와서 산호 상인의 평화는 깨지고 무관심이, 아내에 대한 무관심이 그녀에 대한 불만으로 변해있었다. 그렇다. 그는 결코 덫에 빠지는 많은 쥐를, 프로그로디에서는 모두 그렇게 하듯 손수 물에 빠트려 죽이지 않고 잡은 동물을 물장수 사울에게 팁을 주면서 깔끔하게 치우라고 내주는 사람이었다. 그런데 어느 날 얌전한 이 니센 피체니크가 평소처럼 잔소리하는 아내에게 묵직한 산호

다발을 던지고 문을 쾅 닫고 집을 나와 거대한 바다와 먼 친척이 되는 거대한 습지 가장자리로 갔다.

수병이 떠나기 딱 이틀 전에 산호 상인은 갑자기 젊은 콤로보를 따라 오데사로 가야겠다는 생각이 들었다. 그 생각에 비하면 흔하디흔한 번개 같은 것은 아무것도 아니었다. 그 생각은 갑작스럽게 발원지 바로 그곳, 그의 마음을 강타했다. 소위 탄생지를 습격한 것이다. 니센의 생각은 그런 식이었다. 그리고 그 생각이 결정에 이르는 길은 결코 먼 길이 아니었다.

젊은 수병 콤로버가 떠나는 날 아침에 니센 피체니크가 아내에게 말했다. "나 며칠 어디 좀 다녀올게."

아내는 아직 일어나지 않았다. 아침 8시였고, 산호 상인은 예배당에서 아침 기도를 하고 돌아와 있었다.

그녀가 일어나 앉았다. 숱이 별로 없는 얼크러진 머리에 가발도 쓰지 않은 채로 눈가에 노르스름한 잠의 찌꺼기를 담은 그녀는 그에게 낯설고 적대적이기까지 했다. 그녀의 모습, 그녀의 놀라움, 그녀의 공포가 스스로도 미친 짓으로 생각하고 있는 그의 결정에 완벽하게 정당성을 부여했다.

"나 오데사에 가." 드러내고 증오심을 보이면서 그가 말했다. "일주일 안에 돌아와. 제대로 되면."

"지금, 지금요?" 아내가 베개 사이에서 물었다. "지금이라니, 농부들이 올 텐데요."

“그래, 지금 가.” 산호 상인이 말했다. “중요한 업무가 있어. 내 짐 좀 싸줘.”

전에는 한 번도 볼 수 없었던 이런 식의 못된, 증오 가득한 쾌감을 가지고 그는 이제 침대에서 일어난, 기다란 셔츠 아래로 벼룩의 흔적으로 보이는 몇 개의 검은 불규칙한 얼룩이 보이는 아내의 흉한 발가락과 뚱뚱한 다리를 바라보았다. 그리고 귀에 익은 한숨 소리를 들었는데, 그것은 매일 되풀이되는 아내의 아침 일과였다. 거기에 대해서 그는 얼마 되지 않는 달콤한 밤 시간의 기억과 다가오는 이혼의 걱정 외에는 아무것도 머릿속에 떠오르지 않았다.

하지만 니센 피체니크이 내면에는 동시에 ‘피체니크가 산호한테 간다.’라는 낯설지만 친밀한 목소리가 환호하고 있었다. 나는 산호한테 가는 거야! 니센 피체니크가 산호의 고향으로 가는 거야!

5

그는 수병 콤로보와 함께 기차에 올라 오데사로 갔다. 정말 불편하고 긴 여행이었는데, 키예프[37]에서 환승해야 했다.

---

37 키예프 또는 키이우는 현재 우크라이나의 수도이자 최대 도시이다.

산호 상인은 난생처음으로 기차를 탔지만, 그는 처음으로 기차를 탄 다른 사람들과 사정이 달랐다. 기관차, 기적소리, 종소리, 전봇대, 선로, 차장, 창문 너머의 풍경에 그는 관심이 없었다. 그는 목적지인 바다와 항구에만 관심이 있었고 열차의 어떤 특징이나 그에 따르는 현상을 알게 되면, 그것을 아직 경험한 적이 없는 바다 여행의 특징이나 그에 따르는 현상과 연관 지었다. "배에서도 종을 치나?" 그가 수병에게 물었다. "배가 출발하기 전에도 세 번 종을 울리나? 배도 기관차처럼 빽빽 뚜 소리를 내나? 배는 후진할 때 방향을 트나, 아니면 그냥 뒤로 물러나기만 하면 되나?"

여행 중에 흔히 있는 일이지만 이야기를 나누고 싶어 하는, 이런저런 이야기를 함께하고 싶어 하는 여행객들과 종종 만나는 법이다. 무슨 일을 하느냐고 남들이 물으면 니센 피체니크는 착실하게 대답했다. "저는 산호 상인입니다." 그러면 상대방이 다시 물었다. "오데사에는 왜 가시나요?" 그러면 그는 거짓말을 시작했다. "거기서 사업을 좀 확장하려 합니다." 라고 그는 대답했다. "재미있군요." 지금까지 말이 없던 옆의 승객이 입을 열었다. "저도 오데사에서 사업을 확장할 생각입니다. 제가 취급하는 상품은 말하자면 산호와 비슷한 것인데, 산호보다 훨씬 정교하고 비쌉니다." "더 비쌀 수는 있겠지만," 니센 피체니크가 말했다. "산호보다 더 정교한 것은 없지요." "산호가 더 정교한지 아닌지 내기를 할까요?" 저쪽 사람이 말했다. "단언컨대 그건 불가능합니다. 내기할 필요도 없습니다." "저런, 저는 진주를 취급하는데요." 상대방이 신이 나서 소리쳤다. "진주가 더 섬세하지 않습니다." 피체니크가 말했다. "그리고 진주는 불행을 불러옵니다." "잃어버리면 그렇지요." 진주 상인이 말했다. 다른 사람들 모두 이 괴상한 논쟁에 열심히 귀를 기울였다. 드디어 진주 상인이 바지에서 흠잡을 데 없는 반짝이는 진주 한 자루를 꺼냈다. 그가 몇 개를 손바닥에 쏟아 모든 여행객에게 보여주었다. "굴을 수백 개 까봐야 합니다." 그가 말을 이었다. "진주 하나 구하려면 말입니다. 잠수부들은 비용이 많이 들어요. 이 세상의 모든 상인들 중에서 우리 진주 상인들이 최고입니다. 그렇습니다. 우리는 특별한 사람들이라고 할 수 있어요. 저를 좀 보십시오. 저는 제1 길드에 속하는 사업가로, 페테르부르크에 살고 상류층 고객을 상대합니다. 예를 들어 두 분의 영주님이 제 고객이신데 그분들의 성함은 제 사업상 비밀입니다. 나는 세상의 반을 여행해 보았고, 매년 파리, 브뤼셀, 암스테르담에 갑니다. 어디에서든 물어보십시오. 진주 거래상 고로도츠키에 관해서 말입니다. 아이들까지도 잘 설명할 겁니다."

"저로 말하면," 니센 피체니크가 입을 열었다. "한 번도 우리 도시 프로그로디 밖으로 나가 본 적이 없습니다. 그리고 제 산호를 사는 사람들은 농부들뿐입니다. 하지만 선생님께서는 아름답고 흠 없는 산호 목걸이를 한 소박한 농부의 아낙이야 말도 대영주의 부인보다도 더 멋지다는 것을 여기 계신 모든 분과 함께 인정하셔야 할 겁니다. 그리고 산호는 고귀한 사람이나 미천한 사람 모두 사용합니다. 비천한 사람을 고귀하게 만들고, 높은 자리에 있는 분을 아름답게 장식하지요. 산호는 아침, 점심, 저녁, 밤에도 착용할 수 있고, 축하 무도회에 가도 되고, 여름이든 겨울이든 일요일이든 평일이든 일할 때든 쉴 때든 기쁠 때나 슬플 때나 언제나 착용할 수 있습니다. 여행객 여러분, 이 세상에는 빨간색이 여러 가지 종류가 있습니다. 우리 유대의 솔로몬 왕은 예복에 특별한 빨간색을 사용하셨는데, 왜냐하면 그분을 공경하는 페니키아인들이 소변으로 빨강[38]을 배설하는 아주 특별한 벌레를 선물하였기 때문입니다. 그 색은 요즘은 찾아볼 수 없는 색으로 차르가 애용하시는 보라색과는 같지 않습니다. 색을 내는 그 벌레나, 그 비슷한 벌레 종류는 솔로몬 왕이 돌아가신 후에 다 사라졌습니다. 그런데 보세요, 빨간 산호는 그런 색깔을 아직도 냅니다. 하지만 빨간 진주는 이 세상 어디에도 찾아볼 수가 없지요"

---

38 자홍포라고 하는 붉은 자주색 천으로, 당시 자홍포는 금이나 은보다도 비싼 재료였다.

완전히 낯선 사람들 앞에서 이 과묵한 산호 상인이 이렇게 장황하고 열심히 연설해 본 적은 한 번도 없었다. 그는 이마에서 모자를 밀어내고 땀을 닦았다. 그가 여행객들 한 사람 한 사람에게 미소를 보내자 모두 합당한 박수갈채를 그에게 보냈다. "맞습니다, 맞아요."라고 모두 한꺼번에 소리쳤다.

그래서 사실과 맞는 말인지는 모르겠지만 산호 상인 자신도 산호 연설가로서 자신이 최고라고 인정하지 않을 수 없었다.

드디어 그들은 오데사에, 푸른 물과 수많은 푸르고 하얀 배들이 있는 반짝이는 항구에 도착했다. 거기에는 마치 아버지가 아들을 기다리듯이 이미 순양함이 수병 콤로버를 기다리고 있었다. 니센 피체니크 역시 그 배를 좀 더 가까이에서 구경하고자 했다. 그래서 그는 젊은이와 함께 초소로 가서 이렇게 말했다. "나는 이 사람 삼촌인데, 배를 좀 보고 싶습니다." 자신의 대담함에 그 자신도 놀랐다. 그렇다. 무장한 수병과 이야기를 나누는 그는 이제 대륙의 노쇠한 니센 피체니크가 아니라 새로운 인간, 속을 겉과 뒤집은 달라진 인간, 바다의 니센 피체니크였다. 자신이 기차에서 내려서 온 것이 아니라 곧장 바다에서, 검은 대양의 해저에서 올라온 기분이었다. 출생지이자 주거지인 프로그로디에서는 한 번도 그렇지 못했는데 이곳 바다에서 그는 마음이 너무도 편했다. 그가 바라보는 어디에나 기선과 바다, 바다와 기선이 있었다. 바다가 꽃송이처럼 흰, 혹은 까마귀처럼 검은, 산호처럼 빨간, 정말로 산호처럼 빨간 기선과 보트, 카누, 요트, 모터보트의 벽에 계속 부딪혀, 아니 부딪치는 것이 아니라 수만 개의 작은 파도와 함께 혀와 손이 하나인 것처럼, 마치 사랑스러운 혀와 손이 하나인 것처럼 선박을 어루만지고 있었다. 흑해는 전혀 검지 않았다. 먼 곳은 마치 하늘처럼 파랗고, 가까운 곳은 초원처럼 푸르렀다. 빵 한 조각을 물속으로 던지면 수천 마리의 작고 성급한 물고기들이 뛰어오르고, 솟구쳐 오르고, 미끄러지듯 달려가고, 비집고 지나가고, 쏜살같이 달려오고 옆으로 날아갔다. 항구 위로는 파란 하늘이 펼쳐져 있었다. 하늘을 향해서 돛대와 선박의 굴뚝이 솟아 있었다. "이건 뭐죠? 이건 뭐라고 하죠?" 니센 피체니크는 끝없이 질문했다. 이건 돛대이고 저건 선수(船首), 여기에 구명대가 있습니다. 보트와 카누, 그리고 돛단배와 기선, 돛대와 연통, 순양함과 상선, 갑판과 선미(船尾), 선수(船首)와 선저(船底)는 다른 것입니다. 수백 개의 새로운 단어가 니센 피체니크의 초라한, 하지만 즐거운 머릿속으로 밀려 들어왔다. 한참을 기다린 후에 (예외라고 하사관이 말했다) 그는 순양함을 구경하러 조카를 따라 들어가도 좋다는 허락을 받았다. 유대인 상인에게 제국 러시아 해군의 배를 구경시켜주기 위해서 대위가 직접 나타났다. 장교들은 미소를 보냈다. 깡마른 불그스레한 유대인의 기다란 검은 상의 옷자락 사이로 부드러운 바람이 불었다. 칙칙한 그의 긴 장화 속으로는 닳아서 여러 번 꿰맨 줄무늬 바지가 보였다. 유대인 니센 피체니크는 자기 종교의 계율까지 잊었다. 장교의 화사한 백금빛 제복 앞에서 그는 검은 모자를 벗었는데, 몇 가닥 안 남은 붉은 그의 머리카락이 바람에 날렸다. "선생님의 조카는 훌륭한 수병입니다."라고 각하가, 정확히 말해 장교가 말했다. 니센 피체니크는 적당한 대답을 찾지 못한 채 그저 미소만 지었다. 웃은 것이 아니라 소리 없이 미소만 보냈다. 입을 벌리자 그의 커다란, 노르스름한 말(馬) 이빨이 보였고 분홍빛 목구멍까지 보이고, 구릿빛의 불그스름한 염소수염은 가슴에까지 내려왔다. 그는 조종간과 대포를 구경했고 망원경을 들여다보기도 했다. 정말이지 먼 곳이 아주 가깝게 보이고 아직 안 보이는 것이 바로 코앞에 나타났다. 신께서는 인간에게 눈을 주셨고 그것은 사실인데, 그렇다면 보통 눈은 망원경을 통해서 보는 눈에 비해서 보면 대체 무엇이란 말인가! 신은 인간들에게 눈을 주셨는데, 망원경을 발명해서 시력을 높일 수 있는 이성(理性)도 주신 것이다!

태양이 갑판을 비추고 니센 피체니크의 등에 내리쪼였지만 그는 덥지 않았다. 영원한 바람이 바다 위로 불고 있기 때문이었다. 그렇다. 바다로부터 바람이, 한 가닥 바람이 바닷속 깊은 곳으로부터 불어오고 있었다.

드디어 작별의 시간이 왔다. 니센 피체니크는 콤로버를 포옹하고 대위와 수병들에게 인사를 하고 장갑 순양함을 떠났다.

그는 젊은 콤로버와 작별 후 프로그로디로 돌아갈 계획이었다. 하지만 계속 오데사에 머무르고 있었다. 그는 장갑 순양함이 출항하는 것을, 항구에 서서 파란색과 빨간색 줄무늬의 손수건을 흔드는 자신에게 수병들이 인사하는 것을 보았다. 다른 많은 배들이 출항하는 것을 보았고 그는 모든 낯선 여행객들에게 손을 흔들었다. 왜냐하면 매일 항구로 나갔기 때문이다. 그리고 매일 그는 무엇인가 새로운 것을 알게 되었다. 예를 들어 그는 닻 올리기, 혹은 돛 끌어내리기, 하역, 예인 등등에 관해 알게 되었다.

그는 수병 복장을 한 젊은이들이 선박 위에서 일하고, 돛대에 기어오르는 것을 매일 보았고 젊은이들이 서로 팔짱을 끼고 수병들 한 떼가 길의 폭을 다 차지하면서 오데사의 거리를 돌아다니는 것을 보았다. 자신이 아이가 없다는 것이 마음을 무겁게 했다. 이 순간 그는 아들과 손주를 원했다. 만약 있다면 그들 모두를 수병이 되도록 바다로 보냈을 게 틀림없었다. 하지만 불임에다 못생긴 그의 아내는 지금 프로그로디의 집에 있었다. 오늘은 남편을 대신해서 산호를 팔고 있다. 그녀가 그걸 할 수나 있으려나? 산호가 뭔지 알기나 할까?

곧 니센 피체니크는 오데사 항구에서 프로그로디의 평범한 유대인의 의무를 잊어버렸다. 그는 정해진 기도를 하러 매일 아침저녁 기도소도 가지 않았다. 대신 집에서 기도했는데 열심히, 진심으로 신께 진정한 기도를 할 것이 아니라 그저 녹음기처럼, 뇌리에 박힌 말들을 입으로 기계적으로 반복했을 뿐이었다. 아마 그런 유대인은 보지 못했을 것이다.

그러는 동안 프로그로디의 집에서는 산호 시즌이 되었다. 이것을 니센 피체니크는 잘 알았지만, 그는 이제 과거 육지의 니센 피체니크가 아니라 새로운, 새롭게 태어난 바다의 피체니크였다. 프로그로디로 갈 시간은 넉넉해, 라고 그는 혼잣말했다. 거기선 잃어버릴 것도 없어. 대신 여기서는 얻을 것이 너무나 많아!

그는 3주일을 오데사에 머물렀는데, 매일 바다와 선박, 물고기들과 즐거운 시간을 보냈다.

그것은 니센 피체니크의 첫 번째 휴가였다.

6

프로그로디의 집으로 돌아왔을 때, 그는 여비 포함 670루블 이상이 사라진 것을 알았다. 하지만 객지에서 무슨 일을 그렇게 오래 했는지 묻는 아내나 남들 앞에서 그는 오데사에서 "중요한 사업"을 해결했다고만 말했다.

그때는 수확이 시작되어 농부들은 자주 장터에 나오지 않고 있었다. 그맘때면 매해 그렇듯이 산호 상인의 집은 어느 때보다도 조용했다. 실을 꿰는 여자들은 이미 그 전날 그의 집을 떠나고 없었다. 니센 피체니크가 기도소에서 집에 돌아와 보니 아름다운 소녀들의 맑은 목소리가 아니라 아내와 양파하고 무가 들어간 평상시의 음식, 그리고 구리 사모바르가 그를 기다리고 있었다.

자신 외에는 아무도 사업상의 손실을 알지 못하는 오데사 여행을 생각하며 산호 상인 피체니크는 가을의 일상적인 일을 시작했다. 몇 달 뒤에는 새롭게 중요한 사업을 만들어서 다른 항구, 예를 들면 페테르부르크 같은 곳으로 가볼 생각이었다.

물질적인 어려움은 두렵지 않았다. 수년 동안 산호 장사를 해서 번 돈이 있고 많은 이자가 쌓여 있었다. 대부업자인 핀카스 바르샤브스키는 이 지역에서 널리 알려진 고리대금업자이며 무자비하게 빚을 독촉하지만, 모든 이자를 정확하게 지급하는 사람이었다. 육체적인 어려움은 두려워할 필요가 없었다. 아이가 없어서 후손 걱정을 할 필요도 없었다. 그러니 여러 항구로 여행하지 못할 이유가 어디 있단 말인가!

그래서 산호 상인은 다음 해 봄의 계획을 세워보기로 했는데, 그때 이웃 마을 수즈키에서 무언가 이상한 일이 일어났다.

니센 피체니크의 고향인 프로그로디만큼이나 작은 이 마을에 어느 날 아무도 아는 사람이 없는 낯선 사람이 산호 상점을 열었다. 그 사람 이름은 에네 라카토스였는데, 먼 헝가리 사람이라는 사실이 곧 알려졌다. 러시아어, 독일어, 우크라이나어, 폴란드어를 말할 수 있는데, 이 라카토스 씨로 말하자면 상대방이 원하면 필요에 따라 프랑스어, 영어, 중국어까지 한다는 소문이었다. 이 젊은 사람의 머리는 포마드를 발라 매끄럽고, 검푸른색이었다. 곁들여 말하자면 이 지역에서는 통틀어서 유일하게 반짝이는 빳빳한 칼라를 하고 넥타이를 매고, 황금빛 손잡이가 달린 산책용 지팡이를 든 사람이었다. 2, 3주 전에 수즈키 마을에 온 이 젊은이는 푸줏간 주인 니키다 콜친과 친구가 되었고, 그의 설득 끝에 결국 콜친은 라카토스와 함께 산호 사업을 시작하게 되었다. 새빨간 간판이 달린 이 회사는 엔 콜친 상사(商社)라는 이름이었다.

이 상점의 진열창에는 완벽하게 붉은 산호가 빛나고 있었는데, 니센 피체니크의 원석보다도 무게가 가벼워서 그만큼 가격이 저렴했다. 커다란 한 다발이 1루블 50이었고, 목걸이는 20, 50, 80코페이카짜리도 있었다. 가격은 상점의 진열창에 붙어 있었다. 이 상점을 지나치는 사람은 안에서 온종일 축음기가 즐겁게 울리는 노래를 듣지 않을 수가 없었다. 마을 전체에까지, 주변 마을에까지 노랫소리가 멀리 들렸다. 수즈키 마을에는 프로그로디만큼 큰 시장이 없었다. 그런데도 수확기인데도 불구하고 농부들이 노래를 듣고 저렴한 산호를 사기 위해서 라카토스 씨 상점으로 몰려갔다.

이 라카토스 씨가 멋진 상점을 운영한 지 이삼 주가 지났을 때 어느 날 부유한 농부 한 사람이 니센 피체니크의 상점에 나타나 이렇게 말했다. "니센 셈요노비치, 나는 당신이 나와 다른 사람들을 20년간 속여 왔다는 것을 믿을 수가 없습니다. 수즈키에서는 요즘 어떤 사람이 최고의 산호 목걸이를 개당 50코페이카에 팔고 있어요. 니센 셈요노비치, 내 처가 그리 가겠다고 했지만 나는 우선 당신한테 물어봐야 한다고 생각했습니다."

"그 라카토스라는 사람은" 니센 피체니크가 말했다. "틀림없이 도둑이거나 사기꾼입니다. 다르게는 그 사람의 가격을 설명할 도리가 없습니다. 댁의 마차에 나를 함께 태워주신다면 내가 직접 한번 가보죠."

"좋아요." 농부가 말했다. "한번 확인해 보십시오."

그래서 산호 상인은 수즈키로 가서 한동안 진열창 앞에 서서 상점 안에서 나오는 신나는 노랫소리를 들어보고 안으로 들어가 라카토스 씨와 이야기를 시작했다. "나도 산호 상인입니다." 니센 피체니크가 말했다. "내 상품은 함부르크, 오데사, 트리에스테, 암스테르담에서 옵니다. 왜, 어떻게 해서 당신이 이렇게 저렴하고 아름다운 산호를 팔 수 있는지 이해가 안 됩니다."

"선생은 구세대입니다." 라카토스가 대답했다. "좀 뒤처져 있다는 표현을 용서하십시오."

그러면서 상점 판매대에서 라카토스가 앞으로 나왔는데, 니센 피체니크가 보니 그는 약간 절뚝거렸다. 왼쪽 다리가 좀 짧은 것이 확실했는데, 왼쪽 장화의 굽이 오른쪽보다 두 배나 더 높아 보이기 때문이었다. 그에게서는 혼미할 정도로 강한 향기가 났는데, 연약한 그의 몸 어디가 이 향기의 진원지인지 알 수가 없었다. 머리는 마치 어두운 밤처럼 흑청색이었다. 그리고 검은 그의 눈은 처음 보면 부드럽다고 생각할 수 있지만, 매 순간 강하게 빛을 발하고 있어서 마치 검은 눈동자 안에서 불같이 빨간 이상한 것이 빛나고 있는 것처럼 보였다. 흐트러진 검은 코밑수염 아래에 쥐 같은 치아가 하얗게 빛나고 있었다.

"그런가요?" 산호 상인 니센 피체니크가 물었다.

"네, 그렇습니다." 라카토스가 말했다. "우리는 정신 나간 사람들이 아닙니다. 우리는 바다 밑으로 잠수하지 않아요. 우리는 인공 산호를 생산합니다. 우리 회사는 뉴욕 로운캐슬 형제 회사라고 합니다. 저는 2년 동안 부다페스트에서 성공적으로 사업을 했습니다. 농부들은 아무것도 눈치 채지 못합니다. 헝가리의 농부들도, 러시아의 농부들도 마찬가지입니다. 그들은 아름답고 붉고 흠잡을 데 없는 산호를 원합니다. 여기 그런 것이 있어요. 저렴하고, 잘 다듬어졌고, 아주 아름답게 잘 만들어졌죠. 무얼 더 바란단 말인가요? 자연 산호는 이렇게 아름다울 수가 없습니다."

"당신네 산호는 무엇으로 만드나요?" 니센 피체니크가 물었다.

"셀룰로이드로 만듭니다, 선생님. 셀룰로이드요." 라카토스가 신이 나서 말했다.

"과학기술을 반대한다는 말은 마십시오. 보세요. 아프리카에서 고무나무가 자라는데, 고무에서 탄성고무하고 셀룰로이드를 만듭니다. 그건 인공이라고요? 산호보다 고무나무가 덜 자연인가요? 아프리카의 나무는 해저에 있는 산호 나무보다 덜 자연입니까? 자 무슨 말씀을 하시렵니까? 동업해보실 생각은 없으신가요? 결정하십시오. 오늘부터 일 년 안에 선생께선 제 경쟁력 때문에 모든 고객을 잃게 될 것이고, 선생의 모든 진짜 산호와 함께 그 아름다운 보석들의 고향인 바다 밑바닥으로 가라앉게 되실 겁니다. 어서 대답하십시오. 동업하시겠습니까, 안 하시겠습니까?"

"이틀만 말미를 주시오." 니센 피체니크가 말했다. 그리고 그는 집으로 돌아왔다.

7

그런 식으로 처음에 악마는 산호 상인 니센 피체니크를 유혹했다. 악마는 부다페스트에서 온 에네 라카토스였는데 그는 가짜 산호를, 셀룰로이드로 만든 산호를 러시아 땅에 들여왔다. 그 산호는 불을 붙이면 지옥 주위에 둘러친 산울타리의 불빛 같은 푸르스름한 빛을 냈다.

집에 돌아오자 니센 피체니크는 무심하게 아내의 두 뺨에 키스를 하고 실 꿰는 여자들에게 인사말을 한 뒤 정신이 좀 나간 듯한, 악마에 홀린 것 같은 눈으로 사랑스러운 자기의 산호를 바라보았다. 그런데 얼마 못 가서 그 살아있는 산호들이 경쟁자인 에네 라카토스의 셀룰로이드로 만든 가짜 보석들만큼 완벽하게 보이지 않게 되었다. 악마는 겸손한 산호 상인 니센 피체니크한테 진짜 산호에 가짜를 섞도록 했다.

어느 날 그는 우체국으로 가서 서기에게 수즈키의 에네 라카토스더러 며칠 뒤에 20푸드[39] 이상의 가짜 산호를 부치라

39 Pud, 러시아의 무게 단위, 약 16.38kg.

는 편지를 받아쓰게 했다. 셀룰로이드는 가벼운 재료이기 때문에 끈하고 묶음이 많이 생겼다. 악마에게 유혹되어 눈이 먼 니센 피체니크는 가짜 산호를 진짜와 섞었고 그렇게 자기 자신과 진짜 산호를 배반했다.

온 마을에 수확이 시작되어 이제는 농부들이 거의 산호를 사러 오지 않았다. 거의, 아주 가끔 산호를 사러 왔지만, 니센 피체니크는 가짜 산호 덕택에 전에 손님이 많을 때보다도 오히려 훨씬 더 많이 벌었다. 그는 가짜를 진짜와 섞었는데, 그건 가짜만 파는 것보다도 더 나쁜 일이었다. 사람이 일단 악마의 유혹에 넘어가면 온갖 악한 일에서 악마를 능가하는 법이다. 그런 식으로 니센 피체니크는 부다페스트에서 온 에네라카토스를 능가했다. 니센 피체니크는 버는 것을 전부 핀카스 바르샤브스키한테 갖다 맡겼다.

악마에게 완전히 유혹된 니센 피체니크는 돈이 늘고 이자가 붙는다는 생각에서 진정한 쾌락을 느꼈다.

그즈음 어느 날 갑자기 고리대금업자 핀카스 바르샤브스키가 세상을 떠났다. 니센 피체니크는 놀라 대금업자의 상속인들한테 이자와 자신의 돈을 요구했다. 돈을 그는 한꺼번에 받았는데 액수가 5450루블 60코페이카 이상이었다. 이 돈에서 라카토스한테 빚을 갚고 그는 또다시 20퍼드의 가짜 산호를 주문했다.

어느 날 부유한 홉 재배인이 니센 피체니크를 찾아와 악마의 시선을 피할 수 있도록 손자에게 줄 산호 목걸이를 부탁했다.

산호 상인은 완전히 가짜 셀룰로이드 산호로 목걸이를 꿰어 주면서 이렇게 말했다. "이건 내가 가진 최고의 목걸이입니다."

농부는 진짜 산호에 합당한 가격을 지불하고 그의 마을로 돌아갔다.

그런데 가짜 산호를 목에 건지 일주일 만에 그의 손자가 끔찍한 질식사, 디프테리아로 인해 사망했다. 그러자 부자 홉 재배인이 사는 솔로베츠크 마을에는 (그리고 주변 마을에까지) 프로그로디의 니센 피체니크의 산호가 그것을 구매한 사람뿐 아니라 주변에까지 불행과 질병을 가져온다는 소문이 돌았다. 디프테리아가 이웃 마을까지 창궐하여 많은 아이의 목숨을 앗아가자 니센 피체니크의 산호가 질병과 파멸을 가져온다는 소문은 급속히 퍼져나갔다.

그러는 동안 겨울이 되고 니센 피체니크에게는 고객이 하나도 찾아오지 않았다. 힘겨운 겨울이었다. 겨울은 11월에 시작되어 다음 해 3월까지 계속되었다. 매일 끔찍하게 추웠고 눈은 거의 오지 않았다. 앙상한 밤나무 가지 위에 오그리고 앉은 까마귀들은 추위로 얼어 죽을 지경이었다. 니센 피체니크의 집은 굉장히 조용해졌다. 그는 실 꿰는 여자들을 하나씩 내보냈다. 장날에 이런저런 옛 고객을 몇 명 만났지만, 그들은 인사조차 하지 않았다.

그렇다. 여름에 그에게 키스했던 농부들이 이젠 산호 상인을 마치 모르는 사람인 척했다.

40도까지 혹한이 계속되었다. 물장수의 물통의 물은 샘에서 집으로 오는 동안 얼었다. 니센 피체니크 집의 유리창에는 얼음이 두껍게 쌓여서 길에서 무슨 일이 일어나는지 내다볼 수 없을 정도였다. 게다가 크고 무거운 고드름이 쇠창살의 막대에 달려 창문을 더욱 어둡게 만들었다. 손님이 하나도 오지 않는데도 니센 피체니크는 가짜 산호 탓으로 생각지 않고 혹독한 겨울 날씨 탓으로 생각했다. 그러는 동안 수즈키 마을의 라카토스 씨 상점은 손님이 넘쳤다. 그곳에서 농부들은 셀룰로이드로 만든 완벽하고 저렴한 산호를 샀고, 진짜 산호를 사러 니센 피체니크한테 오지 않았다.

프로그로디 마을의 도로와 골목길은 얼음이 덮여 마치 거울처럼 미끄러웠다. 주민들은 전부 쇠가 부착된 지팡이를 짚고 엉금엉금 길을 걸었다. 그런데도 넘어져서 목과 다리가 부러지는 사람들이 많았다.

어느 날 저녁 니센 피체니크 부인이 넘어져 한동안 의식을 잃은 채 쓰러졌다. 딱하게 여긴 이웃들이 그녀를 일으켜서 집으로 데려다주었다.

그녀는 곧 심하게 토하기 시작했는데, 프로그로디의 의무관 얘기로는 뇌진탕 같다고 했다.

그녀를 병원으로 데리고 갔더니, 의사는 의무관의 진단이 맞다고 했다.

산호 상인은 매일 병원으로 찾아갔다. 그는 아내의 침대 곁에 앉아서 반시간 동안 두서없는 그녀의 이야기에 귀를 기울이고, 불타는 듯 뜨거운 그녀의 눈을 바라보고, 숱이 없는 그녀의 머리를 바라보고, 자신이 그녀에게 만들어주었던 몇 시간 안 되는 달콤했던 시간을 추억하고, 장뇌[40](樟腦)와 옥도포름의 강한 냄새를 맡고, 집으로 돌아와서는 부뚜막 앞으로 가서 수프와 카샤[41]를 만들고, 빵을 자르고, 무 껍질을 벗기고, 차를 끓이고 난로를 피웠다. 그런 다음에 여러 포대에 들어있는 산호를 네 개의 탁자 중의 하나에다 쏟고 산호를 분류하기 시작했다. 라카토스 씨의 셀룰로이드 산호는 따로 장롱에 들어있었다. 오래전부터 니센 피체니크의 진짜 산호는 살

40 장뇌는 요리 재료로 쓰이거나 방부제, 종교의식 뿐 아니라 의료용으로도 사용된다.

41 '곡식을 으깨어 만든 음식'이라는 뜻으로, 볶음밥 또는 걸쭉한 죽과 유사한 러시아 음식이다.

아있는 동물이 아니었다. 그 라카토스가 이 근처에 나타나 산호 상인 피체니크가 셀룰로이드로 만든 가벼운 물건들을 무거운 진짜 보석과 섞기 시작한 후 그의 집에 있는 산호는 죽고 말았다. 이제는 산호를 셀룰로이드로 만드는 세상이 되었다. 생명 없는 재료에서 사람들은 이제 살아있는 것으로 보이고, 진짜 살아있는 산호보다도 더 아름답고 완벽한 산호를 만들어 냈다. 그런 것과 비교하면 아내의 뇌진탕은 별것이 아니었다.

일주일 후에 그녀는 죽었다. 그렇다, 뇌진탕 때문이었다. 하지만 아내가 죽은 것이 뇌진탕 때문만이 아니라 그녀의 삶이 이 세상 다른 어떤 사람의 삶과 어울리지 못해서라고 니센 피체니크가 생각한 것은 틀린 것이 아니었다. 그녀가 살아있기를 바란 사람은 아무도 없었고, 그래서 그녀는 죽은 것이다.

이제 니센 피체니크는 홀아비가 되었다. 그는 법도에 따라 아내를 애도했다. 견고한 비석을 구매해 거기에다 추모의 글을 새기도록 했다. 그리고 아침저녁으로 망자를 위한 기도를 했다. 하지만 그녀를 그리워하지는 않았다. 음식과 차는 손수 준비할 수 있었다. 곧 그는 산호와 홀로 남게 되었지만 외롭지 않았다. 단지 그가 걱정한 것은 가짜 자매, 즉 셀룰로이드 산호로 인해 산호를 저버린 것, 상인 라카토스로 인해 자신을 저버렸다는 사실이었다.

그는 봄을 기다렸다. 그런데 봄이 오자 니센 피체니크는 기다린 것이 헛된 일이었음을 알게 되었다. 평소 같으면 부활절도 되기 전 한낮에 고드름이 녹기 시작하면 덜컹거리는 마차나 종이 울리는 썰매를 타고 고객들이 찾아왔다. 부활절에 산호가 필요했기 때문이다. 그런데 봄이 와서 햇살이 매일 따스해지고, 지붕의 고드름이 매일 점점 짧아지고, 길가에 쌓인 눈이 점점 줄어드는데도 니센 피체니크를 찾아오는 손님은 없었다. 참나무로 만든 장롱에, 난로 옆 4개의 수레바퀴 위에 놓인, 쇠 장식이 달려서 밀고 다닐 수 있는 커다란 트렁크 안에는 굉장히 귀한 산호가 묶이고 매인 채 무더기로 들어있었다. 하지만 고객은 한 명도 오지 않았다. 날은 점점 따뜻해져서 눈이 사라져 가랑비가 내리고 숲에 제비꽃이 돋아나고 늪에는 개구리들이 울어댔다. 하지만 고객은 한 명도 오지 않았다.

이때쯤 프로그로디에서는 처음으로 니센 피체니크의 본성과 성격에 눈에 띌만한 변화가 나타났다. 그렇다. 처음으로 프로그로디의 주민들은 산호 상인이 별난 사람, 괴짜라고 생각하기 시작했다. 그에 대한 존경심을 잃은 사람들이 꽤 있었고, 공공연하게 그를 비웃는 사람들까지 있었다. 프로그로디의 선량한 많은 사람은 아무 말도 하지 않았다. 그들은 그냥 이렇게만 말했다. "니센 피체니크가 지나가네. 대단한 산호 상인이었지."

그렇게 된 것은 그 자신의 책임이었다. 왜냐하면 그가 전혀 홀아비의 법도나 품위를 지키지 않았기 때문이다. 수병 콤로버와의 별난 우정 때문에 평이 안 좋은 포조르체브스 술집에 드나든 것은 눈감아 준다고 해도, 사람들은 그가 그 후에도 계속 그 술집에 들락거리는 것에 강한 의구심을 갖지 않을 수 없었다. 왜냐하면 아내가 세상을 떠난 후 니센 피체니크는 거의 매일 그 술집을 찾았기 때문이다. 그는 벌꿀술을 정신없이 마셔대기 시작했다. 시간이 지나면서 벌꿀술이 너무 달게 느껴지자 보드카를 섞게 했다. 헤픈 아가씨가 그의 곁에 앉아 있는 경우도 종종 있었다. 세상 떠난 아내 외에 다른 여자를 몰랐고, 진짜 애인, 즉 산호를 애무하고 분류하고 실에 꿰는 즐거움밖에 몰랐던 그가 형편없는 술집에서 여자들의 값싼 하얀 몸에, 착실한 시민다운 존경스러운 그의 존재를 조소하는 자신의 피에, 아가씨들의 육체가 뿜어내는 엄청난 뜨거운 망각에 몸을 맡겼다. 그래서 그는 마시고, 옆에 앉은 아가씨들을 애무하고, 때로 자기 무릎 위에 앉히기도 했다. 그는 쾌락을, 산호를 가지고 장난할 때와 비슷한 쾌락을 느꼈다. 불그스름한 털이 난 강한 손으로 그는 능숙하지 못하게, 거의 우스울 정도로 어색하게 산호처럼 붉은 여자들의 젖꼭지를 만졌다. 그리고는 사람들이 말하듯 급속히, 매일 굉장히 급속히 쇠락해갔다. 그 자신도 그것을 느꼈다. 얼굴은 점점 말라갔고, 수척한 등은 굽어졌다. 옷과 신발은 점점 지저분해지고 이젠 수염도 빛을 잃었다. 매일 아침저녁으로 그는 기계적으로 기도를 했다. 스스로 느끼기에도 이제 그는 산호 상인이 아니었다. 과거에 훌륭한 산호 상인이었던 니센 피체니크일 뿐이었다.

그는 자신이 일 년, 아니 반년만 지나면 마을의 조롱거리가 되리라는 것을 느꼈다. 하지만 무슨 상관인가! 그의 고향은 프로그로디가 아니라 바다였다.

그래서 그는 어느 날 인생의 필사적 결정을 내렸다.

전에 언젠가 수즈키에 갔을 때 그곳에서 그는 과거 자신의 고객 모두가 부다페스트에서 온 에네 라카토스의 상점에 있는 것을 보았다. 그들 모두는 축음기에서 울려 나오는 요란한 노래에 귀를 기울이면서 셀룰로이드 산호를 한 줄에 50코페이카에 사고 있었다.

"자, 일 년 전에 제가 뭐라고 했습니까?" 라카토스가 니센 피체니크에게 말했다. "10퍼드 드릴까요, 아니면 20, 30퍼드?"

니센 피체니크가 말했다. "난 이제 가짜 산호 필요 없습니다. 나로 말하면, 나는 진짜만 취급합니다."

8

프로그로디로 돌아온 후 그는 베냐민 브로치너를 아주 조용히, 남몰래 찾아갔다. 여행사를 운영하는 그는 이민자들, 특히 캐나다나 아메리카로 이주할 수밖에 없는 도망병이나 몹시 가난한 유대인들의 승선표를 취급했는데, 브로치너는 이들 덕에 먹고 살았다. 그는 프로그로디에서 함부르크 선박회사의 대리점을 운영하고 있었다.

"캐나다로 갈 생각입니다." 산호 상인 니센 피체니크가 말했다. "될 수 있는 대로 빨리요."

"다음번 배는 피닉스라는 배인데 2주일 내로 함부르크에서 출항합니다. 그때까지 서류를 준비해 드리지요." 브로치너가 말했다.

"좋아요, 좋습니다." 피체니크가 대답했다. "아무한테도 그 말을 하지 말아주시오."

그러면서 집으로 돌아와 그는 산호 전부를, 진짜 산호를 여행 트렁크에다 쌌다.

셀룰로이드 산호를 그는 사모바르의 구리 받침대 위에 올려놓고 불을 붙여 그것이 푸른빛과 함께 냄새를 내면서 타는 것을 바라보았다. 가짜 산호가 17퍼드 이상이나 되어서 그 일은 한참 걸렸다. 동그랗게 된 검은 재가 수북이 남았다. 그리고 방 한가운데 있는 석유등 주변에는 셀룰로이드의 청회색 연기가 둥그스름하게 모여 있었다. 이것이 니센 피체니크의 고향과의 이별이었다.

4월 21일 함부르크에서 그는 선체 바닥 칸 승객으로 푀닉스 호를 탔다.

나흘 동안 배는 항해 중이었는데 엄청난 재난이 닥쳐왔다. 아직도 그것을 기억하는 사람들이 꽤 많을 것이다.

2백 명 이상의 승객이 푀닉스 호와 함께 가라앉았다. 그들은 익사하고 말았다.

하지만 물에 빠진 니센 피체니크로 말하자면 그는 남들처럼 익사한 것이 아니었다. 진정으로 하는 말인데 그는 오히려 산호에게로, 거대한 리바이어던이 도사리고 있는 바다 밑으로 돌아간 것이다.

이제 우리는 사람들의 말대로 당시에 기적을 통해서 죽음에서 살아난 사람들의 보고를 믿고, 구조선이 꽉 차기 훨씬 전에 이미 니센 피체니크가 뱃전에서 바다로 산호를 향해서, 그의 진짜 산호들에게로 몸을 던졌다는 말을 전해야만 한다.

나로 말하자면, 나는 기꺼이 그 말을 믿는다. 왜냐하면 나는 니센 피체니크를 잘 알아서, 그가 산호의 소리를 들었다는 것, 바다 밑이 그의 유일한 고향이라는 것을 확신하기 때문이다.

그곳에서 그가 리바이어던 곁에서 메시아의 도래 때까지 평화롭게 살기를 바란다.

요제프 로트, 방랑하는 유대인

요제프 로트(Joseph Roth, 1894–1939)는 유대인, 그것도 비교적 생활이 안정된 서유럽의 유대인이 아니라 가난하고 역사적 부침이 심한 동유럽의 유대인으로 태어나 제1차 세계대전 이후 떠돌이의 삶을 살았다. 그가 태어난 브로디는 갈리치아의 렘베르크 근처에 위치한 마을로, 당시 주민의 90퍼센트가 유대인이었다. 갈리치아는 유럽의 동북부, 폴란드와 러시아 사이에 위치한 곳으로 1918년에 오스트리아-헝가리 제국이 해체되기 전까지 합스부르크 왕가의 지배를 받았다. 그러니까 로트는 오스트리아인으로 태어난 것이다. 하지만 1차 세계대전 이후 갈리치아는 폴란드의 영토가 되었고, 2차 세계대전 이후에는 소비에트 연방에 예속되었다. 현재는 (폴란드로 흡수된 일부 지역을 제외하고) 대부분이 우크라이나에 속한다. 여기 실린 단편들은 대다수가 현재의 우크라이나가 배경인 셈이다. 동부 유럽의 문화가 많이 소개되지 않았기 때문에 로트의 작품은 그런 점에서 특별히 우리의 관심을 모은다.

로트는 브로디에서 김나지움을 졸업한 후 렘베르크와 빈에서 공부를 했고, 21살에 단편 〈모범생〉을 발표했다. 1차 대전이 일어나자 오스트리아군에 보병으로 참전했다. 하지만 오스트리아-헝가리 이중제국은 1919년에 해체되어 헝가리와 체코슬로바키아가 독립을 하고 영토의 일부는 폴란드, 유고슬라비아, 루마니아 등 신흥국에 귀속되었다. 오스트리아의 국토는 전쟁전의 1/4로 축소되었고, 로트의 고향 브로디는 폴란드에 귀속되었다.

유대인이기에 어디에도 속하지 못한 로트는 파리로 이주해서 신문에 기사를 송고하고 장편소설 《사보이 호텔》을 발표했다. 그는 파리를 좋아해서 스스로를 "동방에서 온 프랑스인"이라고 부르기도 했는데, 프랑스와 러시아를 여행하면서 신문에 많은 기고를 하던 30대 초반이 말하자면 로트의 황금기였다. 첫 장편소설은 《거미줄》(1923)로, 이어서 《사보이 호텔》과 《반란》(1924)이, 계속해서 대표작으로 손꼽히는 《욥》이 1928년에, 《라데츠기 행진곡》이 1930년에 발표되었다. 십 년이 채 안 되는 이 기간 동안 그는 만 편 이상의 신문기사와 여행기를 썼다. 하지만 1933년에 히틀러가 정권을 잡고 파리까지 점령하면서 로트는 출구 없는 막다른 길로 내몰리기 시작했다. 〈타라바스〉와 〈안티 크리스트〉를 1934년에, 〈카프친 황제묘〉를 1938년에 발표했지만, 일찍부터 시작된 우울증은 알코올 중독으로 이어졌다. 결국 그는 1939년에 45살 나이로 파리의 빈민병원에서 세상을 떠났다. 사후에 출간된, 자신의 최후를 암시하는 듯한 〈거룩한 술꾼의 전설〉에서 로트는 "우리 모두에게, 우리 술꾼들에게 쉽고 아름다운 죽음을 주소서"라고 쓰고 있다. 역시 우울증으로 오스트리아의 요양원에 수용되었던 그의 아내 프리데리케는 나치 치하에서 1940년에 희생되었다.

《욥, 어느 단순한 사람의 소설》

평범한 유대인 멘델 징어에겐 네 명의 아이가 있는데, 막내 메뉴힘은 장애자이다. 전쟁이 일어나자 큰아들은 전쟁터로, 둘째아들은 미국으로 사라지고, 딸 미르얌은 카자흐 기병과 바람이 난다. 멘델 징어는 막내 메뉴힘을 이웃에게 맡긴 후 둘째아들이 있는 미국으로 간다. 하지만 둘째 아들마저 전사하자 충격으로 부인이 죽고, 딸 미르얌마저 정신분열을 일으킨다. 신을 원망하며 수십 년 동안 사용했던 기도서를 화덕에 집어넣으려던 멘델 징어에게 친구가 전해 준 〈메뉴힘의 노래〉라는 음반이 그를 위로한다. 고향에 두고 온 아들을 찾으러 가기 위해서 돈을 모으던 멘델 징어는 어느 날 유럽의 악단이 근처에 왔다는 소식을 듣고 음악회에 참석한다. 그리고 그곳에서 기적처럼 정상인이 된 메뉴힘을 만난다. 〈메뉴힘의 노래〉를 부른 것은 바로 고향에 두고 온 그의 막내아들이었다.

《라데츠키 행진곡》

로트의 작품 중에서 가장 많이 알려진 《라데츠키 행진곡》은 오스트리아-헝가리 이중제국의 붕괴를 기록하고 있다. 제목 '라데츠키 행진곡'은 이탈리아와의 전쟁을 승리로 이끈 라데츠키 장군을 기리기 위해서 1848년에 요한 슈트라우스가 발표한 패기 넘치는 행진곡이다. 하지만 약 10년 뒤 이 소설의 첫 장면에서 솔페리노 전투(1859년)는 패배로 막을 내리고, 합스부르크 가문은 붕괴하기 시작한다.

솔페리노 전투에서 우연한 일로 황제의 목숨을 구한 보병 요제프 트로타는 귀족 칭호를 받는다. 수년 후 자신이 아이들의 독본에 사실과 다르게 영웅으로 미화된 것을 발견한 그는 원치 않는 명예에 괴로워하며 낙향하여, 아들은 군인으로 만들지 않기로 결심한다. 아들 프란츠 트로타는 행정관리가 되지만, 아들은 손자에게 할아버지의 명예를 이어받아 무너져

내리는 오스트리아를 구할 훌륭한 군인이 될 것을 요구한다. 엄밀한 의미에서 이 소설의 주인공은 사관생도가 된 손자 카를 요제프이다.

그러나 카를 요제프 소위는 차츰 할아버지의 영웅적 행동에 의구심을 갖고 합스부르크 가의 명예와 군인정신이 모래 위에 세워진 것임을, 조국이 파멸의 길을 가고 있음을 감지한다. 군대와 국가에 대한 신뢰를 상실한 그는 알코올과 노름빚, 연애사건에 빠져들어 부상당한 병사에게 물을 건네려다 전사한다. 2년 후 그의 부친 프란츠 역시 황제의 장례식 날 사망함으로써 트로타 가문은 합스부르크 왕가와 더불어 파멸한다.

이 번역본에 실린 단편

로트의 단편 중에서 최고작으로 손꼽히는 〈사월, 어느 사랑의 이야기〉는 약 한달 동안 작은 시골마을에 체류하게 된 떠돌이 인생의 떠돌이 사랑을 보여준다. 사랑이 꽃피는 4월 말, 작은 마을에 머물게 된 주인공은 식당 종업원 아나와 사랑에 빠지고, 이어 우체국 건물 2층에서 가끔 창밖으로 얼굴을 내미는 아가씨에게 사춘기 소년 같은 사랑을 느낀다. 주인공이 왜 이 마을에 머물고 있는지는 알 수 없다. 그는 막연히 아메리카로 떠나야 한다고, 세상 밖으로 나가야한다고 생각하지만 매일 우체국 건물 아래에 선채로 아름다운 그녀가 모습을 드러내기를 기다릴 뿐이다. 그런데 막상 도시를 떠나기로 한 날, 병든 소녀라고 생각했던 그녀는 주인공이 별로 좋아하지 않는 역무 보조원의 여자로 밝혀진다. 주인공은 뉴욕을 향해 출발한다.

〈모범생〉은 안드레아스 반츨이라는 시골 소년의 이른바 성공적인 일생을 보여준다. 결코 경쟁에서 뒤지지 않는, 앞만 바라보며 출세만을 생각하는 반츨은 원하는 바를 모두 이루고 부족함이 없어 보이는 삶을 산다. 그는 사랑이 없는 차가운 인물이지만, 오히려 그렇기 때문에 더욱 성공적인 삶을 산다. 오로지 죽어 관 속에 들어가서야 그는 처음으로 긴장을 풀고 세상을 향해 마음껏 웃을 수 있다.

이 모범생 반츨의 어머니쯤 되는 인물이 단편 〈바르바라〉의 주인공이다. 가난한 집안에 태어나 16살에 부모를 잃은 바르바라는 돼지 상인인 삼촌의 집에 얹혀살다가 스무 살에 삼촌의 친구인 목수에게 시집간다. 노동으로 못이 박인 커다란 손을 가진 무뚝뚝한 남편은 어느 날 무거운 각목이 머리에 떨어져 세상을 떠난다. 어린 아들과 홀로 남은 바르바라는 힘겨운 삶을 살아간다. 딱 한번 어느 남성에게 마음이 흔들리지만, 그녀는 아들을 생각해서 행복을 포기한다. 아들 뒷바라지만 하며 살던 바르바라는 병이 든다. 임종이 다가오자 아들이 그녀를 방문하지만 아들은 천국에서 얻게 될 축복에 관해서만 이야기할 뿐이다. 어떤 이해도, 사랑도 받아보지 못한 채 바르바라는 쓸쓸히 영원 속으로 사라진다.

〈역장 팔메라이어〉는 운명적인 사건으로 걷잡을 수 없는 사랑에 빠진 시골 역장 이야기이다. 비오는 봄날 저녁 역장 팔메라이어는 급행열차의 사고 현장에 쓰러져 있는 러시아 백작 부인을 만난다. 역장의 사택에 그녀가 머무는 엿새 동안 팔메라이어는 운명적인 사랑에 빠진다. 얼마 후 전쟁이 일어나자 팔메라이어는 입대하고 러시아어를 배워 키예프 근처로 백작 부인을 찾아간다. 그녀의 남편은 전장에 나가있다가 …….

〈리바이어던〉은 작가가 세상을 떠난 1년 후에 발표되었다. 쓰인 것은 1934년으로, 원래의 제목은 〈산호 상인〉이었다. 시골 마을의 건실한 산호 상인 니센 피체니크는 한 번도 마을 밖으로 나가본 적도, 글을 쓸 줄도 모르는 고지식한 유대인이다. 무덤덤한 그가 사랑하는 것은 오직 산호뿐이다. 그러던 어느 날 마을에 해병 청년이 나타나자 그의 일상은 무너지고 그는 청년을 따라 바다로 간다. 그 얼마 후 인조 산호가 등장해 그의 사업은 망하고, 아내마저 세상을 떠나자 그는 캐나다 여행을 계획한다. 항해 중에 여객선이 가라앉는 사고가 나자 그는 구조를 거부하고 바다로 뛰어든다. 그는 영원한 안식처이자 고향인 바다 속으로 산호를 찾아 사라진다.

요제프 로트의 주인공들은 작가 자신과 마찬가지로 파멸의 길을 간다. 세계대전으로 세상은 어지럽고, 조국은 화려했던 왕가의 몰락과 더불어 해체된다. 어디에서도 발붙일 곳을 찾지 못한 작가는 낯선 땅에서 외롭게 세상을 떠나고 말았다.

연대표

1894	9월2일 모제스 요젭 로트는 곡물상인 나훔 로트와 마리아 그뤼벨의 아들로 갈리치아의 브로디에서 출생했다. 부친은 그가 태어나기 전에 출장 여행 중에 실종되었고, 1910년에 정신착란으로 사망했다.
1901-05	브로디에서 유대인 학교 다님
1905-13	브로디에서 오스트리아계 김나지움 다님
1913-14	렘베르크(현재이름 리비우)와 빈의 대학에서 철학, 독문학 공부
1915	〈모범생〉 발표
1916 이후	1차 대전에 참전, 빈과 프라하의 신문에 시와 수필 발표
1918	빈으로 돌아옴
1919	좌익 신문 〈데어 노이에 베크〉에서 일함
1920	베를린으로 이주, 〈포어베르츠〉 〈디 노이에 베를리너 차이퉁〉에 기고
1922	프리데리케 라이흐러와 결혼
1923	빈으로 돌아와서 신문 등에 기고. 10월에서 11월까지 〈아르바이터 차이퉁〉에《거미줄》 연재
1924	《사보이 호텔》과《반란》 출간
1925	〈프랑크푸르터 차이퉁〉의 통신원으로 파리 체류
1926	소비에트 연방을 여행하며 〈러시아 여행〉이란 기사를 썼고 사

회주의를 포기, 이후 많은 곳을 여행하며 일정한 주거지 없이 기사를 씀

1927 〈알바니아 여행〉, 〈독일에서 온 편지〉 등의 여행기를 썼고, 《방랑하는 유대인》, 《끝없는 도주》 출간

1928 슈테판 츠바이크와 깊은 우정, 우울증으로 아내 프레데리케가 요양원에 입원. 《치퍼와 그의 부친》 출간

1929 《좌우》 출간, 편집인 망아 벨과의 만남

1930 망아 벨과 동거, 10월에 《욥, 어느 단순한 사람의 소설》로 성공.

1932 《라데츠키 행진곡》 출간

1933 파리로 이주, 홀란드의 출판사를 통해서 〈역장 팔메라이어〉 작품 출간

1934 〈타라바스〉, 〈아름다움의 승리〉, 〈황제의 흉상〉, 〈안티 크리스트〉

1935 《백일천하》

1936 〈어느 살인자의 고백〉, 작가 이름가르트 코인과 동거

1937 〈타라바스〉, 〈엉터리 저울추〉, 〈1002 야화〉 출간,
코인과 파리, 렘베르크, 바르샤바, 빈, 잘츠부르크, 암스테르담 등지를 여행

1938 코인과 헤어짐, 〈카프친 황제묘〉, 빈곤과 절망적인 건강 상태

1939 5월3일 파리의 네게르 자선병원에 입원하여 27일 사망, 사후에 〈거룩한 술꾼의 전설〉 출간, 1940년에 〈리바이어던〉, 1967년에 《거미줄》 출간